5 ASTUCES POUR DÉMARRER !

1) COMMENT RÉSOUDRE LES MOTS MÊLÉS

Les puzzles sont dans un format classique :

- Les mots sont cachés sans espaces, tirets, ...
- Orientation : Les mots peuvent être écrits en avant, en arrière, vers le haut, vers le bas ou en diagonale (ils peuvent être inversés).
- Les mots peuvent se chevaucher ou se croiser.

2) UN APPRENTISSAGE ACTIF

Un espace est prévu à côté de chaque mots pour noter la traduction. Pour favoriser un apprentissage actif un **DICTIONNAIRE** à la fin de cette édition vous permettra de vérifier et étendre vos connaissances. Cherchez et notez les traductions, trouvez-les dans le Puzzle et ajoutez-les à votre vocabulaire !

3) MARQUEZ LES MOTS

Vous pouvez inventer votre propre système de marquage. Peut-être en utilisez-vous déjà un ? Sinon, vous pourriez, par exemple, marquer les mots qui ont été difficiles à trouver d'une croix, ceux que vous avez aimés d'une étoile, les mots nouveaux d'un triangle, les mots rares d'un diamant, etc...

4) STRUCTUREZ VOTRE APPRENTISSAGE

Cette édition vous offre un **CARNET DE NOTES** très pratique à la fin du livre. En vacances ou en voyage ou à la maison, vous pouvez facilement organiser vos nouvelles connaissances sans avoir besoin d'un second bloc-notes !

5) VOUS AVEZ FINI TOUTES LES GRILLES ?

Allez à la section bonus **CHALLENGE FINAL** pour trouver un jeu gratuit à la fin de cette édition !

Simple et Rapide ! Découvrez notre collection de livres d'activités pour votre prochain moment de détente et **d'apprentissage**, à juste un clic de distance !

Trouvez votre prochain défi sur :

BestActivityBooks.com/MonProchainLivre

À vos marques, prêts... Partez !

Saviez-vous qu'il existe environ 7 000 langues différentes dans le monde ? Les mots sont précieux.

Nous aimons les langues et avons travaillé dur pour créer les livres de la plus haute qualité pour vous. Nos ingrédients ?

Une sélection des thématiques d'apprentissage adaptée, trois belles parts de divertissement, puis nous ajoutons une cuillère de mots difficiles et une pincée de mots rares. Nous les servons avec soin et un maximum de plaisir pour vous permettre de résoudre les meilleurs jeux de mots mêlés qui soient et d'apprendre en vous amusant !

Votre avis est essentiel. Vous pouvez participer activement au succès de ce livre en nous laissant un commentaire. Nous aimerions vraiment savoir ce que vous avez préféré dans cette édition !

Voici un lien rapide qui vous mènera à la page d'évaluation de vos commandes :

BestBooksActivity.com/Avis50

Merci pour votre aide et amusez-vous bien !

De la part de toute l'équipe

1 - Adjectifs #2

```
Z  R  E  W  S  U  M  Z  D  S  O  L  D  M  O
Č  A  O  Y  Y  T  V  R  A  F  N  K  F  H  G
C  I  N  Z  M  F  E  D  R  W  D  A  J  J  B
A  P  S  I  T  A  N  Z  O  P  O  J  Ž  C  A
C  R  K  T  M  D  H  M  V  N  R  Z  B  A  N
M  O  R  E  Z  L  Đ  M  I  N  I  O  V  O  N
Y  D  E  L  F  Y  J  D  T  A  R  N  G  L  A
G  U  A  E  V  I  B  I  U  R  P  Č  L  G  Č
D  K  T  G  O  D  H  I  V  O  P  I  S  N  I
I  T  I  A  V  U  N  R  A  V  Y  T  T  A  T
V  I  V  N  J  P  T  J  R  O  W  N  S  S  A
L  V  N  T  P  B  Y  R  D  G  M  E  B  O  M
J  N  I  A  Y  W  H  C  Z  D  Y  T  R  N  A
I  I  F  N  Đ  M  C  N  F  O  H  U  S  O  R
Y  T  F  S  L  A  N  T  V  W  F  A  Đ  P  D
```

AUTENTIČNO	PRIRODNO
POZNATI	NOVO
KREATIVNI	PRODUKTIVNI
OPISNI	SNAŽAN
DAROVIT	ČIST
DRAMATIČAN	ODGOVORAN
ELEGANTAN	ZDRAV
PONOSAN	SLAN
JAK	DIVLJI
ZANIMLJIV	SUHO

2 - Formes

```
Y  V  A  P  R  A  V  O  K  U  T  N  I  K  J
V  M  I  V  Z  M  K  I  R  F  V  D  N  E  R
F  Y  C  J  W  P  R  Y  F  T  H  V  O  S  V
H  I  P  E  R  B  O  L  A  T  T  I  G  Đ  C
G  Đ  O  K  M  J  J  P  I  R  A  M  I  D  A
S  U  N  O  K  K  C  R  T  A  R  R  L  T  M
Y  A  R  C  I  U  K  K  Đ  P  D  U  O  R  Z
V  S  U  K  V  T  P  R  D  H  A  B  P  O  I
N  P  T  A  U  B  O  D  I  K  V  O  V  K  R
C  I  L  I  N  D  A  R  S  V  K  V  L  U  P
G  L  A  M  A  B  K  Đ  A  T  U  I  U  T  O
H  E  S  Z  L  N  K  O  E  Đ  R  L  K  S  Đ
J  A  H  W  A  S  F  E  R  A  W  A  J  R  B
J  W  A  M  V  M  G  O  N  V  H  R  N  A  G
G  Y  A  P  O  Đ  W  C  D  R  U  Y  L  A  Đ
```

LUK	ELIPSA
RUBOVI	HIPERBOLA
KVADRAT	CRTA
KRUG	OVALAN
KUT	POLIGON
KRIVULJA	PRIZMA
KONUS	PIRAMIDA
STRANA	PRAVOKUTNIK
KOCKA	SFERA
CILINDAR	TROKUT

3 - Force et Gravité

```
P  U  D  A  O  A  V  F  G  Z  P  U  V  K  Đ
N  R  N  H  T  R  E  N  J  E  O  F  F  Y  I
A  E  I  I  N  Đ  R  T  L  H  K  D  S  J  D
Z  J  S  T  V  W  C  U  P  W  R  W  K  U  D
W  N  F  S  I  E  A  P  S  G  E  J  D  Y  Z
V  E  A  O  M  S  R  Z  Đ  Z  T  M  U  J  N
O  R  K  N  W  O  A  Z  F  V  B  R  I  T  A
T  I  I  E  Đ  T  D  K  A  T  I  B  R  O  P
K  Š  N  J  I  H  U  T  V  L  Đ  U  C  B  L
R  O  A  L  E  G  N  E  T  J  A  T  E  R  A
I  R  H  A  B  M  B  Ž  S  I  J  N  N  Z  N
Ć  P  E  D  T  V  E  I  J  D  B  T  T  I  E
E  Đ  M  U  H  B  L  N  O  A  W  F  A  N  T
F  I  Z  I  K  A  A  A  V  P  L  I  R  A  E
B  B  S  O  Z  P  B  V  S  C  L  I  F  S  O
```

OS	ORBITA
CENTAR	FIZIKA
OTKRIĆE	PLANETE
UDALJENOST	TEŽINA
PROŠIRENJE	PRITISAK
TRENJE	SVOJSTVA
UDARAC	VRIJEME
MEHANIKA	UNIVERZALAN
POKRET	BRZINA

4 - Adjectifs #1

```
R A S P T I K S T A M O R A T
E G Z O T I Č N O K T U I T H
S O S A V R Š E N T Đ S S A O
M B S U N R L C R I T P K N G
H O U K L I J E P V E O R A R
V N D M H K V J Đ A Š R E K O
M A A E C Đ O E P N K I N D M
L V Ž C R N I V N T A T Đ L A
A I H N W A Y M J J S I Y T N
D T Y C O C N A T U L O S P A
I K U M J E T N I Č K I A M S
Y A T V E L I K O D U Š A N N
N R I D E N T I Č A N W N K O
Đ T A C N F T G N J Y H A H K
N A Z O I C I B M A Y M G I W
```

APSOLUTAN
AKTIVAN
AMBICIOZAN
AROMATSKI
UMJETNIČKI
ATRAKTIVAN
LIJEP
EGZOTIČNO
OGROMAN
VELIKODUŠAN

ISKREN
IDENTIČAN
VAŽNO
NEVIN
MLADI
USPORITI
TEŠKA
TANAK
MODERAN
SAVRŠEN

5 - Instruments de Musique

```
Đ  N  D  K  I  V  V  Y  U  Y  S  F  H  F  T
M  A  N  D  O  L  I  N  A  U  A  J  A  L  A
I  Y  E  C  W  V  W  J  D  U  K  P  R  A  T
T  A  M  B  U  R  A  Š  K  I  S  U  M  U  D
O  L  E  Č  N  O  L  O  I  V  O  P  O  T  B
P  B  A  N  U  Z  Y  G  M  Y  F  K  N  A  B
Y  P  O  P  G  N  O  G  L  R  O  L  I  E  U
G  P  O  A  I  L  U  F  V  W  N  A  K  T  B
F  Y  Z  F  T  Y  S  Z  T  P  S  V  A  R  A
R  R  M  R  A  N  I  L  O  I  V  I  B  O  N
K  B  F  A  R  S  I  P  I  Ž  C  R  U  M  J
W  H  L  H  A  F  A  G  O  T  D  Đ  R  B  O
U  D  A  R  A  L  J  K  E  O  Z  N  T  O  F
K  L  A  R  I  N  E  T  E  T  G  C  E  N  V
M  A  R  I  M  B  A  K  E  U  Y  Y  S  B  L
```

BENDŽO	MARIMBA
FAGOT	UDARALJKE
KLARINET	KLAVIR
FLAUTA	SAKSOFON
GONG	BUBANJ
GITARA	TAMBURAŠKI
HARMONIKA	TROMBON
HARFA	TRUBA
OBOA	VIOLINA
MANDOLINA	VIOLONČELO

6 - Échecs

```
Ž  R  T  V  O  V  A  T  I  K  I  T  V  W  D
B  I  J  E  L  I  M  C  Đ  R  Z  U  R  M  U
F  Y  R  K  N  T  K  S  A  A  A  R  I  N  F
T  K  A  Č  C  I  B  T  C  L  Z  N  J  Đ  Đ
L  H  E  O  D  Č  O  I  I  J  O  I  E  D  M
N  K  A  T  O  U  D  A  J  M  V  R  M  B  G
D  I  J  A  G  O  N  A  L  A  I  A  E  S  Z
P  N  I  P  A  M  E  T  A  N  I  G  R  A  Č
R  V  G  T  R  P  E  R  R  R  H  F  C  C  Y
A  I  E  F  I  W  R  I  K  C  W  K  Z  Z  K
V  T  T  P  D  E  B  V  P  A  S  I  V  N  O
I  O  A  M  K  E  J  N  A  C  E  J  T  A  N
L  R  R  I  G  R  A  A  H  K  G  N  M  L  R
A  P  T  A  L  H  Y  E  R  V  A  H  H  P  V
W  V  S  O  T  Z  W  L  H  L  G  G  N  B  K
```

PROTIVNIK
UČITI
BIJELI
PRVAK
NATJECANJE
IZAZOVI
DIJAGONALA
PAMETAN
IGRA
IGRAČ

CRNA
PASIVNO
TOČKE
KRALJICA
PRAVILA
KRALJ
ŽRTVOVATI
STRATEGIJA
VRIJEME
TURNIR

7 - Herboristerie

```
F  Đ  N  Đ  T  V  P  E  R  Š  I  N  F  A  J
V  T  E  J  I  V  C  M  M  D  O  U  B  W  R
M  Z  L  V  M  I  K  S  T  A  M  O  R  A  P
R  C  E  R  I  R  R  C  N  Ž  M  G  L  N
K  U  Z  T  J  L  U  G  A  R  D  U  D  N  A
V  U  Ž  A  A  Y  P  J  K  M  S  U  R  R  R
M  Y  L  M  N  L  E  N  O  M  A  M  K  A  D
W  O  B  I  A  N  S  A  R  E  S  Š  V  B  N
H  M  C  A  N  R  D  H  I  T  T  A  A  O  K
T  J  O  B  T  A  I  G  S  V  O  F  L  S  O
T  U  B  L  W  A  R  N  N  I  J  R  I  I  M
Č  E  Š  N  J  A  K  S  O  C  A  A  T  L  O
W  W  J  K  R  S  P  U  K  E  K  N  E  J  R
L  A  V  A  N  D  A  K  Y  I  A  Y  T  A  A
D  Y  I  A  Z  V  V  O  D  B  J  D  A  K  Č
```

ČEŠNJAK	LAVANDA
AROMATSKI	MAŽURAN
BOSILJAK	METVICE
KORISNO	PERŠIN
KULINARSKI	KVALITETA
DRAGULJ	RUŽMARIN
KOMORAČ	ŠAFRAN
CVIJET	OKUS
SASTOJAK	TIMIJAN
VRT	ZELEN

8 - Photographie

```
O  B  J  E  K  T  U  P  H  S  A  V  Z  K  P
P  R  E  D  M  E  T  M  B  Z  J  L  N  C  O
E  I  B  A  J  I  C  I  N  I  F  E  D  L  G
J  V  S  A  T  E  J  V  S  A  R  F  N  N  L
T  K  K  V  E  O  S  D  I  K  P  K  T  E  E
V  O  O  I  R  C  Y  M  T  D  D  I  E  K  D
C  F  N  T  T  S  K  D  A  N  N  A  K  A  K
R  B  L  K  R  D  Z  G  Š  W  Z  I  S  M  O
R  K  F  E  O  O  Z  T  K  E  M  I  T  E  N
I  M  A  P  P  V  O  C  E  L  S  Z  U  R  T
Đ  V  P  S  F  Đ  O  Y  M  G  A  L  R  A  R
L  Đ  A  R  T  A  M  R  O  F  S  O  A  N  A
C  Z  T  E  P  M  J  D  J  N  T  Ž  E  R  S
J  W  D  P  R  A  R  O  Z  V  A  B  C  C  T
V  F  D  A  U  T  B  W  B  F  V  A  J  M  Đ
```

OMEKŠATI	CRNA
OKVIR	OBJEKT
KAMERA	TAMA
SASTAV	SJENE
KONTRAST	PERSPEKTIVA
BOJA	PORTRET
DEFINICIJA	PREDMET
IZLOŽBA	TEKSTURA
RASVJETA	VIDNI
FORMAT	POGLED

9 - Véhicules

```
B P T P C E K V H I S K A T B
U J A R B N Z O A F F P D N N
O F P O A W I L I Z Đ G L E D
T A S T E J V P O N G I S A E
U T V O U M E O C K A N U Č V
M E B M Y Đ B K L A P H B H S
S K U T E R I A T R O I O E S
T A A D M K C R C A D T T L Y
Č R R F U M I Z S V M N U I V
A Đ A W G O K U Đ A O A A K L
M N F K L U L J K N R P B O A
A F R T T W A K H G N O U P K
C Y A N N O I M A K I M P T K
D J M O U Đ R U V C C O N E E
A U T O M O B I L B A Ć W R T
```

HITNA POMOĆ	ČUNAK
ZRAKOPLOV	GUME
ČAMAC	SPLAV
AUTOBUS	SKUTER
KAMION	PODMORNICA
KARAVAN	TAKSI
TRAJEKT	TRAKTOR
RAKETA	VLAK
HELIKOPTER	BICIKL
MOTOR	AUTOMOBIL

10 - Camping

```
T O L Y W K M Š Đ A A C F Š O
H I L A V O L V E Z U A E A Đ
K O D K E M D D Z Š O L N T C
M U N A K P C A U D I Y J O I
I J K G R A M E R P O R E R M
I Z E A A S U Ž E Š N U R B B
W K P S C M A R J U U Đ C J V
K M O L E G R J N M O V Y O K
J G Đ K I C U K I A R T A V M
F U B G C Z T A T Ć E T I H V
N E R O Đ H N R O E Z E W K S
P L A N I N A T V S E V Z E O
K A B I N A V A I I J C N B E
P R I R O D A K Ž V S V M N T
T T M C M M N T Z R O F B Y V
```

ŽIVOTINJE	VATRA
AVANTURA	ŠUMA
KOMPAS	VISEĆA
KABINA	KUKAC
KANU	JEZERO
KARTA	FENJER
ŠEŠIR	MJESEC
LOV	PLANINA
UŽE	PRIRODA
OPREMA	ŠATOR

11 - Écologie

```
C V R P O M O R S K I P W O R
Z O C A R O L F P O E D H N E
T L R R Z G V I I R H F R R S
A O Y A E N G D K Đ I E I O U
Y N I V C Đ O U E M V R Đ O R
F T Y Č I E J L I B M H O S S
A E I O N D O R I R P Y N D I
U R S M D O O F Đ K O F M W A
N I E J E C D P M L O D Y U T
A M N P J C T R N D T S C W S
K L I M A Š U S Ž O L F T T R
G F N C Z G J U G I U O A O V
S T A N I Š T E U W V M G W C
S G L Y L J W O P S T A N A K
S Đ P G L O B A L N O A G I C
```

VOLONTERI
KLIMA
ZAJEDNICE
RAZNOLIKOST
ODRŽIV
VRSTA
FAUNA
FLORA
GLOBALNO
STANIŠTE

MOČVARA
POMORSKI
PLANINE
PRIRODA
PRIRODNO
BILJE
RESURSI
SUŠA
OPSTANAK

12 - Géométrie

```
P  O  V  R  Š  I  N  A  M  R  S  Y  J  U  W
D  H  Y  M  Đ  T  K  S  C  G  E  P  E  F  H
Y  J  V  K  F  K  R  A  I  C  G  C  D  G  L
A  K  I  G  O  L  U  M  K  H  M  D  N  P  O
D  T  S  Đ  Đ  D  G  A  A  C  E  H  A  R  K
A  J  I  C  R  O  P  O  R  P  N  F  D  O  O
I  L  N  A  J  I  D  E  M  T  T  K  Ž  M  M
W  Z  A  J  I  R  O  E  T  U  R  V  B  J  I
B  I  R  C  L  L  Đ  Đ  I  K  U  O  A  E  T
F  R  M  A  J  I  R  T  E  M  I  S  K  R  B
C  N  O  B  Č  T  V  P  L  A  S  F  U  U  V
W  W  A  J  L  U  V  I  R  K  P  D  Y  I  T
U  E  D  I  Y  O  N  L  E  L  A  R  A  P  Z
Y  K  Y  V  Đ  D  I  M  E  N  Z  I  J  A  B
C  R  L  M  U  U  J  U  D  M  Y  A  D  J  M
```

KUT	MEDIJAN
IZRAČUN	BROJ
KRUG	PARALELNO
KRIVULJA	PROPORCIJA
PROMJER	SEGMENT
DIMENZIJA	POVRŠINA
JEDNADŽBA	SIMETRIJA
VISINA	TEORIJA
LOGIKA	TROKUT
MASA	OKOMIT

13 - Les Médias

```
K O M U N I K A C I J A G M K
D J V Đ E J R E Ž P Z D E T O
I A A J J I U U I E K I L S V
G V F E N N I S F H R C Đ Z L
I N D J E I N F V K N M A A T
T O H N J L D I Z D A N J E O
A S C A L A U T K E L E T N I
L T S V Š N S E B B N Y T P V
N T N O I D T M M T J I A O D
I Đ E Z M V R O V C C V V F B
L S K A N W I R A D I O G O E
E G D R V M J G R F H V E W N
S P T B L V A U P V S A T K M
F O T O G R A F I J E T F D S
B L O K A L N I U Đ K S A Z Z
```

STAVOVI	NOVINE
KOMUNIKACIJA	LOKALNI
NA LINIJI	DIGITALNI
IZDANJE	MIŠLJENJE
OBRAZOVANJE	FOTOGRAFIJE
SLIKE	JAVNOST
INDUSTRIJA	RADIO
INTELEKTUALAC	MREŽA

14 - Diplomatie

```
A K I T E G S L Đ A K Z N I D
K M E A K I T I L O P A Z N I
K Z B Đ D K R Đ O C T J G T P
H J A A W W A Z D S S E R E L
R U L H S F N U L U A D A G O
W J M C U A I Y U K V N Đ R M
Z Y E A I A D D K O J I A I A
O V W Š N N S O A B E C N T T
D R G B E I B M R D T A I E S
V L A D A N T H T U N R S T K
P R A V D A J A R H I I Đ A I
K M O S N F Z E R S K U U D P
G R A Đ A N S K I N G D I N Z
S U R A D N J A O E I T K S M
U G O V O R S I G U R N O S T
```

AMBASADOR	VLADA
GRAĐANI	HUMANITARNI
GRAĐANSKI	INTEGRITET
ZAJEDNICA	PRAVDA
SUKOB	POLITIKA
SAVJETNIK	ODLUKA
SURADNJA	SIGURNOST
DIPLOMATSKI	RJEŠENJE
ETIKA	UGOVOR
STRANI	

15 - Électricité

```
Ž A R U L J A T R C H V J G N
S R A Č I R T K E L E P V G A
N K S Đ A N I Č I L O K Z N R
E U L Đ V C Ž I C E E P Đ D K
G E E A R O P R E M A F H H A
A I B M D N A V I T I Z O P P
T O A K A I O B J E K T I N F
I T K F L G Š U T I Č N I C A
V T H P I G N T P G H G L E P
A Z I G I U F E E E V U D A U
N R P K O U O N T N M R E Ž A
L A S E R D B H D K J H F U B
S V J E T I L J K A K E O Đ C
M R O B A T E R I J A Y Z T S
E L E K T R I Č N I Y L E H J
```

MAGNET
ŽARULJA
BATERIJA
KABEL
ELEKTRIČAR
ELEKTRIČNI
OPREMA
ŽICE
SVJETILJKA

LASER
NEGATIVAN
OBJEKTI
POZITIVAN
UTIČNICA
KOLIČINA
MREŽA
SKLADIŠTENJE
TELEFON

16 - Astronomie

```
R  K  W  K  K  A  S  T  R  O  N  O  M  D  D
T  Z  D  I  O  R  E  T  S  A  V  D  G  S  Z
G  F  Z  U  Z  H  L  S  D  V  D  E  C  U  V
S  A  Z  G  M  L  A  M  U  O  K  A  A  W  J
V  W  L  C  O  D  N  S  U  N  Č  A  N  O  E
E  N  D  A  S  B  E  Đ  D  R  Y  N  W  A  Z
M  T  Y  P  K  D  E  B  K  E  H  I  E  S  D
I  Y  P  D  B  S  O  N  V  P  J  Č  K  T  A
R  G  U  W  I  D  I  L  M  U  Z  R  Z  R  R
M  E  T  E  O  R  C  J  I  S  L  M  E  O  N
M  G  I  A  C  I  L  G  A  M  Z  O  M  N  I
E  K  V  I  N  O  C  I  J  A  H  P  L  A  C
R  A  K  E  T  A  T  E  N  A  L  P  J  U  A
M  J  E  S  E  C  Đ  H  D  G  N  P  A  T  U
K  O  N  S  T  E  L  A  C  I  J  A  Z  N  E
```

ASTEROID	MJESEC
ASTRONAUT	METEOR
ASTRONOM	MAGLICA
NEBO	ZVJEZDARNICA
KONSTELACIJA	PLANETA
KOZMOS	SUNČANO
POMRČINA	SUPERNOVA
EKVINOCIJA	ZEMLJA
RAKETA	SVEMIR
GALAKSIJA	

17 - Physique

```
L  I  M  G  G  G  U  S  T  O  Ć  A  F  Z  M
W  N  A  G  R  O  T  O  M  N  A  N  S  M  O
M  R  G  N  A  L  A  Z  R  E  V  I  N  U  L
V  A  N  N  V  H  F  K  Č  J  U  Z  Y  B  E
B  E  E  M  I  B  F  V  E  E  B  R  B  T  K
Z  L  T  G  T  C  H  W  P  M  S  B  G  F  U
A  K  I  N  A  H  E  M  N  O  I  T  E  K  L
V  U  Z  M  C  J  B  J  J  T  T  J  I  Y  A
P  N  A  A  I  Z  V  L  E  A  A  M  S  C  N
W  L  M  S  J  E  L  E  K  T  R  O  N  K  A
G  V  I  A  A  L  U  M  R  O  F  K  Đ  E  I
V  R  E  N  K  A  O  S  J  R  R  B  P  U  L
R  E  L  A  T  I  V  N  O  S  T  I  E  W  Z
H  T  A  Đ  K  G  V  U  B  R  Z  A  N  J  E
U  P  E  F  R  E  K  V  E  N  C  I  J  A  O
```

UBRZANJE	MAGNETIZAM
ATOM	MASA
KAOS	MEHANIKA
KEMIJSKI	MOLEKULA
GUSTOĆA	MOTOR
ELEKTRON	NUKLEARNI
FORMULA	ČESTICA
FREKVENCIJA	RELATIVNOST
PLIN	UNIVERZALAN
GRAVITACIJA	BRZINA

18 - Types de Cheveux

```
N A J A J S E D O V Đ Đ U M I
V A L O V I T A V A Č R V O K
A Š K B H C K B I J E L I U C
L U Đ E M S R A Z C C S Z Z R
E V K C M S A W N A A G U S N
Ć A O I O K T W C A H I I H A
N L V N Đ P A C P L T H F W O
N P R E J W K D U G O O E I A
D E Č T U B M Z D R A V E S B
E U E E J A W W H W Đ B A P L
B W P L C J S W A P Z L K P H
E S T P K J K O H D W M G P M
O I G C Đ A S W Đ S R E B R O
C V Đ V G D S N P J W H N R D
I A N E T E L P H U J H O N Z
```

SREBRO	SIVA
BIJELI	DUGO
PLAVUŠA	SMEĐ
KOVRČE	TANAK
SJAJAN	CRNA
ĆELAV	VALOVITA
KRATAK	ZDRAV
MEKAN	SUHO
DEBEO	PLETENICE
KOVRČAVA	PLETENA

19 - Archéologie

```
C Z T Z E V A L U A C I J A V
I Z B T A N Z O P E N R M A R
V D A P B B E U G G O D I N E
I S J N O V O F O S I L T Z S
L P I F D E H R O S E F O R P
I L V Č A V I Ž A R T S I S K
Z I K A M O T O P V O B T W M
A S I A N A L I Z A I L K J O
C W L G J O N S K D T O E J D
I P E G R N V G Y G S C J O C
J K R I G O Č M M Đ O E B Đ D
A P V E E M B U A K K W O S M
P I T N E M G A R F W W J O F
N C R Y T R V D H T D F J O J
M I S T E R I J A H S W A U M
```

ANALIZA

GODINE

ISTRAŽIVAČ

CIVILIZACIJA

POTOMAK

STRUČNJAK

DOBA

TIM

EVALUACIJA

FOSIL

FRAGMENTI

NEPOZNAT

MISTERIJA

OBJEKTI

KOSTI

ZABORAVIO

PROFESOR

RELIKVIJA

HRAM

GROB

20 - Mammifères

```
Ž  M  A  L  E  O  Đ  I  G  G  P  S  T  L  P
I   A  P  C  I   T  I   S  O  N  S  K  O  N  J
R  Č  M  Y  K  S  Y  Z  J  F  V  I   J  U  H
A  K  R  C  M  P  I   N  L  R  E  B  O  M  K
F  A  L  I   R  O  G  C  K  A  C  W  K  J  N
A  D  V  D  E  C  L  Đ  A  G  V  U  Z  A  T
K  O  Z  O  Y  V  U  K  U  I   O  W  N  M  W
D  L  P  A  S  A  Y  V  U  T  N  S  L  O  N
N  T  O  P  L  Z  R  L  S  Z  E  B  R  A  P
M  F  N  K  V  C  T  E  K  Y  F  G  Đ  T  I
Đ  B  J  A  A  K  I   T  I   R  W  N  J  P  J
S  U  N  M  A  N  I   P  U  D  Z  M  B  W  M
Đ  O  L  Z  P  H  V  W  Y  E  E  V  S  T  W
J   A  S  R  R  Đ  R  I   N  H  C  Z  B  M  O
Z  Y  M  K  Y  Z  N  D  Y  Z  G  S  O  A  N
```

KIT	ZEC
MAČKA	LAV
KONJ	VUK
PAS	OVCE
KOJOT	SNOSITI
DUPIN	LISICA
SLON	MAJMUN
ŽIRAFA	BIK
GORILA	TIGAR
KLOKAN	ZEBRA

21 - Chocolat

```
E  A  H  E  B  N  G  S  O  K  O  K  P  E  F
M  L  O  Z  U  Z  N  P  A  T  M  A  R  F  U
O  E  N  B  O  M  B  O  N  S  Z  Đ  A  F  K
C  M  Č  N  U  Y  H  U  A  G  T  J  H  U  U
K  A  I  K  S  T  A  N  A  Z  J  O  L  F  S
V  R  T  L  I  H  N  B  F  W  G  O  J  F  N
A  A  O  T  J  K  B  D  V  S  F  E  J  A  O
L  K  Z  L  G  E  I  A  U  U  G  L  Z  B  K
I  R  G  H  J  T  N  R  C  S  A  K  A  O  O
T  Y  E  S  I  B  L  I  I  U  Đ  S  H  S  U
E  J  I  R  O  L  A  K  T  K  D  L  Y  Z  F
T  Š  E  Ć  E  R  I  H  E  U  I  A  T  B  I
A  O  K  U  S  A  R  O  M  A  Đ  T  I  J  H
Đ  V  G  H  I  B  G  O  R  A  K  K  U  U  G
R  E  C  E  P  T  O  L  P  A  U  O  T  G  D
```

GORAK	EGZOTIČNO
AROMA	OMILJENI
ZANATSKI	UKUS
BOMBON	SASTOJAK
KIKIRIKI	KOKOS
KAKAO	PRAH
KALORIJE	KVALITETA
KARAMELA	RECEPT
UKUSNO	OKUS
SLATKO	ŠEĆER

22 - Mathématiques

```
P  K  V  A  D  R  A  T  F  C  Đ  P  W  M  U
G  E  S  P  O  A  J  I  R  T  E  M  O  E  G
T  E  R  G  Y  O  B  U  A  C  I  M  O  K  O
A  R  H  I  V  O  T  U  K  Đ  S  A  N  P  P
P  P  O  K  M  G  O  V  C  J  I  R  L  R  R
D  K  H  K  J  E  Đ  Z  I  E  M  I  E  A  O
S  U  W  C  U  F  T  N  J  D  E  T  L  V  M
P  U  F  K  H  T  N  A  A  N  T  M  A  O  J
O  F  M  Đ  N  O  E  L  R  A  R  E  R  K  E
L  L  R  A  U  F  N  A  S  D  I  T  A  U  R
I  Đ  V  H  U  J  O  M  W  Ž  J  I  P  T  Z
G  O  A  K  F  N  P  I  H  B  A  K  L  N  E
O  R  A  Z  D  I  S  C  L  A  S  A  T  I  W
N  A  V  E  I  U  K  E  A  C  R  Y  Z  K  Đ
O  K  W  S  Y  T  E  D  V  O  L  U  M  E  N
```

KUTOVI
ARITMETIKA
KVADRAT
OPSEG
DECIMALA
PROMJER
EKSPONENT
JEDNADŽBA
FRAKCIJA
GEOMETRIJA

PARALELNO
OKOMICA
PERIMETAR
POLIGON
PRAVOKUTNIK
SUMA
SIMETRIJA
TROKUT
VOLUMEN

23 - Sport

```
M A Z I L K I C I B B O Đ F M
A M I Đ L A V P D I J E T A I
K I Z D R Ž L J I V O S T T Š
S M I K Č I L O B A T E M I I
I K S T R O P S G L E L M J Ć
M S M V N G I V U T J P Y E I
I C J O G G I N G J L I C L K
Z J T Š A T R O P S V F I O V
I P L I V A T I A N A R H S I
R E N E R T T M M A R G O R P
A M J T P K Z C D G D I F W K
T H Y Y L H T K G A Z R H M O
I E S P O S O B N O S T U F S
E K J E S A N N S O C V W I T
E Z J A K V V Đ T Đ O L K L I
```

SPORTAŠ	MAKSIMIZIRATI
SPOSOBNOST	METABOLIČKI
TIJELO	MIŠIĆI
BICIKLIZAM	PLIVATI
PLES	ISHRANA
DIJETA	CILJ
IZDRŽLJIVOST	KOSTI
TRENER	PROGRAM
SNAGA	ZDRAVLJE
JOGGING	SPORTSKI

24 - Mythologie

```
J  O  Y  R  L  E  U  C  C  M  Z  M  D  G  W
U  S  N  O  F  J  C  I  I  U  S  Đ  I  V  B
N  V  K  L  Đ  N  U  K  I  N  T  R  M  S  E
A  E  Z  E  V  E  J  B  B  J  W  Y  Z  E  S
K  T  O  W  I  R  S  W  O  A  N  B  A  E  M
P  A  H  D  V  O  F  S  V  M  B  W  N  S  R
L  O  O  F  W  V  B  W  Z  V  O  P  I  T  T
K  A  N  P  I  T  E  H  R  A  B  R  V  V  N
U  D  B  A  K  S  M  F  S  U  Z  D  A  A  O
L  N  V  I  Š  Č  A  R  O  B  N  I  J  R  S
T  E  F  A  R  A  U  Z  C  V  S  K  L  A  T
U  G  M  G  K  I  N  T  A  R  N  M  M  N  P
R  E  P  N  J  S  N  J  G  B  A  S  R  J  N
A  L  A  V  B  E  U  T  E  Z  G  Z  G  E  Đ
K  A  T  A  S  T  R  O  F  A  A  C  C  N  A
```

ARHETIP	JUNAK
KATASTROFA	BESMRTNOST
PONAŠANJE	LJUBOMORA
STVARANJE	LABIRINT
STVORENJE	LEGENDA
KULTURA	ČAROBNI
MUNJA	SMRTNIK
SNAGA	GRMLJAVINA
RATNIK	OSVETA

25 - Restaurant #2

```
T U K U S N O E T D J U D R S
J N Y Đ Ž U Đ R C V P U U U K
V T S K L L S Đ O M Y N E Č O
I N J A I C N A Z E R K J A N
L Đ S N C J J N K Ć Ć L Z K O
I N I Č A Z A T R O T I W R B
C P E I D C B J W V C W P I A
A C I L O T S H A T A L A S R
J E P B V L E D E S M N Z U J
U H W W C V Ć M L K Z S D C B
U N T D B M R E Đ O A P W F W
R W F M J A V I Y V E Č E R A
G I F V U W O D U B P K K I H
E A B Z H K P O B N R S O L Y
Đ L W A A B W J P G P P S E Đ
```

PIĆE	TORTA
STOLICA	LED
ŽLICA	POVRĆE
RUČAK	REZANCI
UKUSNO	JAJA
VEČERA	RIBA
VODA	SALATA
ZAČINI	SOL
VILICA	KONOBAR
VOĆE	JUHA

26 - Beauté

```
E  U  U  S  L  U  G  E  I  Š  A  R  M  K  H
L  C  L  K  B  E  G  H  H  Z  U  T  U  G  R
E  K  S  J  D  A  B  W  B  D  T  S  W  K  Đ
G  Y  K  S  A  C  C  H  A  E  Č  R  V  O  K
A  R  A  K  S  A  M  M  I  L  O  S  T  Ž  F
N  A  T  N  A  G  E  L  E  O  Y  H  Đ  A  O
C  O  G  Š  M  I  N  K  A  G  G  W  T  L  T
I  W  P  Z  V  S  E  Z  N  L  O  Đ  O  J  O
J  N  V  M  B  V  U  U  G  E  R  A  K  Š  G
A  G  G  U  A  B  C  Đ  O  D  Z  D  M  R  E
L  I  F  K  K  Š  B  J  M  A  L  Đ  I  U  N
S  T  I  L  I  S  T  O  Đ  L  Y  J  R  Ž  I
V  Z  H  R  L  P  L  C  J  O  J  D  I  I  Č
K  O  Z  M  E  T  I  K  A  A  H  Y  S  M  A
P  R  O  I  Z  V  O  D  I  J  H  R  Đ  O  N
```

KOVRČE	MASKARA
ŠARM	OGLEDALO
ŠKARE	MIRIS
KOZMETIKA	KOŽA
BOJA	FOTOGENIČAN
ELEGANCIJA	PROIZVODI
ELEGANTAN	RUŽ
MILOST	USLUGE
ULJA	ŠAMPON
ŠMINKA	STILIST

27 - Avions

```
S  M  J  E  R  R  A  K  N  O  L  A  B  K  F
A  V  A  N  T  U  R  A  A  P  U  T  N  I  K
Z  S  K  L  O  T  E  Z  P  M  K  N  M  D  S
T  R  F  G  L  Đ  Y  A  U  G  O  I  M  O  L
J  N  A  W  I  T  S  L  H  F  I  T  M  V  I
I  I  B  K  P  L  T  I  A  D  I  D  O  K  J
P  P  O  S  A  D  A  S  T  H  Z  N  A  R  E
W  R  H  E  U  O  L  A  I  B  G  E  T  P  T
V  B  O  J  O  P  G  N  V  O  R  B  M  O  A
H  Z  L  P  G  O  R  I  V  O  A  O  O  V  N
M  E  Đ  R  E  G  Đ  S  O  W  D  P  S  I  J
B  D  O  J  K  L  L  I  T  K  N  H  F  J  E
G  B  V  G  R  W  E  V  Z  O  J  Đ  E  E  W
E  Y  O  U  P  T  S  R  L  W  A  B  R  S  N
G  B  M  N  Y  B  S  A  I  N  H  B  A  T  T
```

ZRAK	POSADA
ATMOSFERA	NAPUHATI
SLIJETANJE	VISINA
AVANTURA	PROPELERI
BALON	POVIJEST
GORIVO	VODIK
NEBO	MOTOR
IZGRADNJA	PUTNIK
SILAZAK	PILOT
SMJER	

28 - Aventure

```
Y  A  Z  H  E  Y  N  P  Y  Y  O  M  Đ  E  H
M  D  O  A  D  A  O  R  A  R  E  N  I  T  I
I  Z  L  E  T  H  V  I  A  M  K  M  R  Š  Ć
N  P  V  K  T  G  O  R  G  T  L  G  Y  I  U
S  E  R  T  O  W  E  O  N  S  A  P  O  D  J
V  I  O  I  M  A  O  D  P  O  Ć  D  Z  E  U
D  C  G  B  L  W  B  A  B  R  O  L  A  R  Đ
L  M  R  U  I  I  U  W  Đ  B  K  F  M  D  A
D  J  Đ  M  R  Č  K  M  F  A  Š  Z  W  O  N
Z  K  Z  Z  H  N  N  A  M  R  E  Y  L  G  E
F  M  D  B  N  E  O  O  L  H  T  K  L  A  N
I  Z  A  Z  O  V  I  S  R  A  D  O  S  T  Z
P  R  I  P  R  E  M  A  T  O  P  E  J  L  I
E  N  T  U  Z  I  J  A  Z  A  M  O  L  S  M
A  K  T  I  V  N  O  S  T  A  H  C  D  L  P
```

AKTIVNOST	IZLET
LJEPOTA	NEOBIČNO
HRABROST	ITINERAR
PRILIKA	RADOST
OPASNO	PRIRODA
ODREDIŠTE	NOVO
IZAZOVI	PRIPREMA
TEŠKOĆA	SIGURNOST
ENTUZIJAZAM	IZNENAĐUJUĆI

29 - Ville

```
R K O H A Y K T R Ž I Š T E G
K L B K Y M P N Y Đ P F W Y A
J I R W Y O G V J Z L Z P Đ L
T N I T W E B O R I B W N C E
E I H H Y Đ E S N H Ž J M J R
K K V C V F I D G O R A A M I
R A I V A K U L A N Č A R Z J
A L O K Š B A N K A C C A A A
M R E S T O R A N N J I K E P
R M I T S S T A D I O N E R K
E N U L O K I N O I V Ž P S F
P D J Z M H K A Z A L I Š T E
U Đ Đ B E D Đ K S C T J Z Đ D
S H B D G J T D K U C N F V W
C V J E Ć A R A N R A K E J L
```

ZRAČNA LUKA
BANKA
KNJIŽNICA
PEKARA
KINO
KLINIKA
ŠKOLA
CVJEĆAR
GALERIJA

HOTEL
KNJIŽARA
TRŽIŠTE
MUZEJ
LJEKARNA
RESTORAN
STADION
SUPERMARKET
KAZALIŠTE

30 - Ingénierie

```
S D I Z E L M J T P E M L D Y
D T Z Z J M O A E T N J T I R
J I A R N B T F K H E E H S O
C V J B P E O Đ U S R R A T F
D I F A I K R E Ć C G E R R U
L C Z B G L B J I Y I N U I A
C I N G C R N J N K J J T B O
J N B W R M A O A U A E K U B
P A A K B A L M S T E F U C O
R Č T C D G D F K T K U R I O
O P B N P A S N C Đ Đ U T J L
M U D Y O N G Y J O R T S A F
J Z T A G S P M M A N I B U D
E T D Y O R O T A C I J A W S
R S C S N I Z R A Č U N R L M
```

KUT
OS
IZRAČUN
IZGRADNJA
DIJAGRAM
PROMJER
DIZEL
DISTRIBUCIJA
ZUPČANICI
ENERGIJA

SNAGA
TEKUĆINA
STROJ
MJERENJE
MOTOR
DUBINA
POGON
ROTACIJA
STABILNOST
STRUKTURA

31 - Énergie

```
Z G P N S L A L Đ L P E V O J
A P Đ Z U F B A K E R Đ H T K
G W I P T J N N I Z N E B Z N
A C A V Z U M I W I O C H D J
Đ V J N V R O L A D T N H I E
E N I O I D T P T J O U G Z N
N U R R J B O O D G F S N N T
J K E T L Z R T K I J L G U R
E L T K V L T U V O O D C V O
U E A E O W O J T O L K L N P
I A B L N W C C Đ L D I N J I
U R S E B V J E T A R I Š Đ J
O N K W O G O R I V O E K Z A
B I E L E K T R I Č N I I Y G
I N D U S T R I J A J V D D V
```

BATERIJA
UGLJIK
GORIVO
TOPLINA
DIZEL
ENTROPIJA
OKOLIŠ
BENZIN
ELEKTRIČNI
ELEKTRON

VODIK
INDUSTRIJA
MOTOR
NUKLEARNI
FOTON
ZAGAĐENJE
OBNOVLJIV
SUNCE
TURBINA
VJETAR

32 - Corps Humain

```
L  M  Đ  K  L  H  Z  W  W  K  D  S  D  L  B
T  O  A  R  C  P  B  K  B  E  U  W  P  Đ  A
U  M  S  P  G  P  W  Y  N  Đ  R  A  M  E  Đ
R  G  E  Z  L  I  C  E  Đ  G  F  T  Đ  N  Č
O  U  C  R  A  B  C  M  T  L  K  S  O  S  E
S  P  K  L  L  A  K  A  T  A  H  U  C  U  L
G  R  M  A  Ž  O  K  A  K  V  N  O  S  K  J
L  Đ  C  B  R  A  D  A  Z  A  O  V  M  O  U
E  Y  A  E  S  W  K  V  I  O  O  R  U  L  S
Ž  B  D  Y  Z  A  R  S  D  U  M  A  Đ  J  T
A  F  U  E  J  A  V  N  J  Y  O  T  L  E  T
N  B  L  P  R  S  T  R  R  U  H  O  A  N  L
J  B  E  L  J  B  Z  G  S  F  S  Z  Z  O  M
M  P  Ž  A  W  Z  U  Đ  V  H  G  Đ  K  Đ  A
A  P  T  L  C  M  B  R  V  R  C  T  K  S  P
```

USTA	USNE
MOZAK	RUKA
GLEŽANJ	ČELJUST
VRAT	BRADA
LAKAT	NOS
SRCE	UHO
PRST	KOŽA
ŽELUDAC	KRV
RAME	GLAVA
KOLJENO	LICE

33 - Biologie

```
Ć  L  R  N  B  S  I  O  M  G  B  K  B  M  F
H  E  G  B  E  J  I  R  E  T  K  A  B  O  O
E  A  L  A  T  Đ  E  S  R  F  C  Z  I  M  T
W  A  M  I  T  J  N  R  A  Z  O  M  S  O  O
O  Y  M  T  J  F  Z  E  N  V  A  I  H  S  S
V  V  S  D  Z  A  I  M  E  J  A  Y  O  O  I
A  O  F  U  Y  H  M  B  G  E  U  C  R  M  N
P  Z  N  Z  V  Z  M  R  A  H  Y  M  M  O  T
R  A  O  M  S  J  L  I  L  I  T  C  O  R  E
I  M  Ž  I  V  A  C  J  O  S  R  B  N  K  Z
R  G  E  Đ  B  H  W  A  K  G  Z  Y  P  Z  A
O  Đ  N  N  M  M  E  V  O  L  U  C  I  J  A
D  O  Y  G  K  N  I  M  U  T  A  C  I  J  A
N  O  R  U  E  N  I  S  S  I  N  A  P  S  A
O  P  B  J  E  L  A  N  Č  E  V  I  N  A  P
```

BAKTERIJE	PRIRODNO
ĆELIJA	ŽIVAC
KROMOSOM	NEURON
KOLAGENA	OSMOZA
EMBRIJA	FOTOSINTEZA
ENZIM	BJELANČEVINA
EVOLUCIJA	GMAZ
HORMON	SIMBIOZA
SISAVAC	SINAPSA
MUTACIJA	

34 - Épices

```
M W N Y M G P I S K A V I C A
B V D H G M O L E S I K T K J
U K S S L S M R A P A P Š O I
S U K O F I O P A N V E A M L
D L W Y B N M L T K B K F O I
T K A B F A A M I E F W R R N
B V Z T B Y D H T U Đ B A A A
F R K D K W R I B M U Đ N Č V
K C B D Y I A C U R R Y N J N
A I B Z K A K I R P A P D Z D
K O R I J A N D E R H L D V N
E D E H H N I Č E Š N J A K G
L H D K T E M I C R G G E L H
F F T W F R U J T K I I C Đ H
P E F B N A K H V A H D N E E
```

KISELO	PISKAVICA
ČEŠNJAK	ĐUMBIR
GORAK	LUK
ANIS	PAPRIKA
CIMET	PAPAR
KARDAMOM	SLATKI
KORIJANDER	ŠAFRAN
KUMIN	OKUS
CURRY	SOL
KOMORAČ	VANILIJA

35 - Agronomie

```
P  J  E  W  R  B  Y  O  B  S  P  E  W  E  S
R  B  N  D  V  Đ  Đ  W  F  O  Z  K  F  G  E
O  O  K  O  L  I  Š  F  A  Đ  L  N  Z  N  O
I  O  G  S  P  C  I  G  D  C  E  E  E  T  S
Z  H  N  U  Đ  S  I  I  E  V  A  M  S  L  K
V  R  O  S  A  J  I  G  R  E  N  E  E  T  O
O  A  J  T  J  C  Đ  N  V  U  P  J  J  S  I
D  N  I  A  I  K  B  A  I  V  P  S  N  A  N
N  A  V  V  Z  A  T  E  R  G  O  H  E  R  U
J  A  O  I  O  F  S  S  P  Z  Đ  D  Đ  R  N
A  S  E  Ć  R  V  O  P  O  G  A  F  A  L  O
L  U  H  B  E  F  T  U  J  N  H  D  G  W  H
N  C  C  Z  R  C  Y  C  L  O  A  T  A  O  R
H  J  I  V  G  L  T  L  O  L  Z  N  Z  F  E
S  T  U  D  I  J  A  O  P  R  L  P  Z  J  H
```

POLJOPRIVREDA
RAST
VODA
GNOJIVO
OKOLIŠ
ENERGIJA
EROZIJA
STUDIJA
SJEMENKE

POVRĆE
BOLESTI
HRANA
ZAGAĐENJE
PROIZVODNJA
SEOSKO
ZNANOST
TLO
SUSTAVI

36 - Science

```
A T P E J N A R T A M O R P K
M T F Đ V F I Z I K A U J F E
I O O A D O T E M L A E J U M
L Y T M I H L O J O Y A P R I
K H L C I B W U C S T C F Đ J
M O L E K U L E C I T S E Č S
M U A N B Đ T F M I Z W E A K
M A Z I N A G R O A J K I Y I
Č I N J E N I C A S P A L P Y
E K A S A J I C A T I V A R G
H I P O T E Z A K V L L R B Z
G I N M E K S P E R I M E N T
P O D A C I W S V U K N N N F
L A B O R A T O R I J K I W A
F Đ T H P R I R O D A T M J Y
```

ATOM	LABORATORIJ
KEMIJSKI	METODA
KLIMA	MINERALI
PODACI	MOLEKULE
EKSPERIMENT	PRIRODA
EVOLUCIJA	PROMATRANJE
ČINJENICA	ORGANIZAM
FOSIL	ČESTICE
GRAVITACIJA	FIZIKA
HIPOTEZA	

37 - Vêtements

```
F A K U B F W D N Y P F R T D
W M M H H K P C H D L L U R Ž
S O C N U A J F N F Z G K A E
U I H S M D L I F C Đ U A P M
A B D A L E P I C Š A L V E P
A Y N J L K O Š U L J A I R E
C I E O H J C A J E J S C I R
I H F P A C I L R G O Đ E C N
V B D J O M L N P F K D Z E F
K S F W F O F B A R I Š E Š O
U A M A Ž D I P M L E Č A L H
R U P Z U A J N K U S G M N P
A C F U S A N D A L E V A S F
N A H L T J A K N A Đ O E Č M
N S U B W W Đ L P H B V K Z A
```

NARUKVICA	SUKNJA
POJAS	KAPUT
ŠEŠIR	MODA
CIPELA	HLAČE
KOŠULJA	DŽEMPER
BLUZA	PIDŽAMA
OGRLICA	HALJINA
ŠAL	SANDALE
RUKAVICE	PREGAČA
TRAPERICE	JAKNA

38 - Méditation

```
T  Đ  F  D  D  U  L  Đ  U  M  I  L  F  S  V
D  I  G  E  J  I  C  O  M  E  K  I  V  A  N
P  R  F  H  O  T  S  O  N  Z  A  B  U  J  L
E  Z  Ž  K  E  O  R  A  P  Y  B  F  J  I  E
R  A  L  A  J  D  K  L  N  R  P  D  F  V  J
S  H  V  Ć  N  A  D  U  B  J  I  Y  U  C  N
P  V  T  O  A  J  T  Z  U  J  E  R  P  O  A
E  A  I  N  Ć  N  E  D  W  M  I  R  O  I  R
K  L  Š  S  E  Ž  R  N  Đ  D  C  A  W  D  T
T  N  I  A  J  A  K  K  B  D  W  V  Y  M  A
I  O  N  J  S  P  O  N  L  A  T  N  E  M  M
V  S  A  J  O  M  P  A  T  O  L  N  A  L  O
A  T  A  W  U  D  W  R  W  E  O  U  K  Z  R
C  Z  S  W  S  F  A  I  V  B  R  G  V  E  P
O  G  L  A  Z  B  A  M  H  U  B  S  J  M  T
```

PAŽNJA
MIRAN
JASNOĆA
SUOSJEĆANJE
EMOCIJE
BUDAN
LJUBAZNOST
ZAHVALNOST
NAVIKE
MENTALNO

POKRET
GLAZBA
PRIRODA
PROMATRANJE
MIR
PERSPEKTIVA
DRŽANJE
DISANJE
TIŠINA

39 - Littérature

```
R  U  R  P  A  N  E  G  D  O  T  A  F  J  A
B  I  M  E  T  A  F  O  R  A  A  M  P  S  N
C  P  T  Đ  D  D  D  U  P  Č  O  A  F  B  A
H  J  R  A  Z  I  L  A  N  A  U  J  B  H  L
W  E  I  B  M  N  I  K  V  D  E  I  D  W  O
C  S  K  D  L  D  T  B  N  E  R  D  Y  S  G
O  N  N  E  Y  G  S  D  M  J  T  E  M  A  I
P  I  A  R  F  A  I  H  N  V  C  G  A  J  J
I  Č  G  O  L  A  J  I  D  O  P  A  U  I  A
S  K  A  P  R  I  M  A  M  P  J  R  T  C  G
C  I  C  S  E  P  H  O  N  I  E  T  O  K  H
V  W  H  U  G  K  T  C  A  R  S  S  R  I  B
B  R  O  M  A  N  N  H  Đ  P  M  V  L  F  I
B  I  O  G  R  A  F  I  J  A  A  E  K  A  F
Z  A  K  L  J  U  Č  A  K  J  K  H  F  W  H
```

ANALOGIJA
ANALIZA
ANEGDOTA
AUTOR
BIOGRAFIJA
USPOREDBA
ZAKLJUČAK
OPIS
DIJALOG
FIKCIJA

METAFORA
PRIPOVJEDAČ
PJESMA
PJESNIČKI
RIMA
ROMAN
RITAM
STIL
TEMA
TRAGEDIJA

40 - Nourriture #1

```
A  K  I  V  M  E  I  T  Đ  S  D  Đ  V  O  K
A  I  S  V  L  O  R  R  H  O  R  E  Ć  E  Š
T  B  O  S  I  L  J  A  K  K  E  L  U  K  O
E  U  D  U  Y  H  O  S  E  M  P  B  J  E  I
M  O  N  D  Đ  S  W  S  Z  R  A  L  U  M  M
I  G  F  A  T  A  L  A  S  B  V  I  H  G  U
C  E  F  H  S  F  Š  S  W  Z  K  M  A  E  S
G  O  Đ  E  L  E  P  M  O  L  R  U  D  R  E
G  B  P  U  K  R  I  J  K  C  M  N  O  C  O
D  F  Đ  V  E  V  N  T  E  I  B  H  G  V  V
K  R  U  Š  K  A  A  E  J  Č  I  G  A  D  D
C  Đ  Z  H  S  I  T  T  I  T  A  I  J  Y  M
K  Č  E  Š  N  J  A  K  L  N  O  M  J  K  E
C  L  Z  K  P  M  J  P  M  K  A  V  A  H  Z
N  M  I  P  Z  T  R  B  Y  I  R  P  L  U  T
```

ČEŠNJAK	REPA
BOSILJAK	LUK
KAVA	JEČAM
CIMET	KRUŠKA
MRKVA	SALATA
LIMUN	SOL
ŠPINAT	JUHA
JAGODA	ŠEĆER
SOK	TUNA
MLIJEKO	MESO

41 - Jours et Mois

```
S  R  P  A  N  J  Č  H  G  V  U  N  S  G  L
W  G  N  S  T  R  J  E  N  N  A  J  U  R  I
N  E  D  J  E  L  J  A  T  W  O  Đ  B  H  S
A  P  D  F  E  Y  Y  N  G  V  O  D  O  K  T
D  E  Z  L  I  F  J  Z  K  A  R  O  T  U  O
E  T  Đ  Ē  H  P  E  Z  Y  Y  R  T  A  P  P
J  A  A  I  J  K  O  L  O  V  O  Z  A  G  A
T  K  E  T  N  I  V  K  A  J  U  Ž  O  K  D
T  R  A  V  A  N  J  E  A  E  P  L  F  M  A
H  G  D  W  Č  E  N  V  L  L  W  W  Đ  C  D
V  P  E  W  E  D  A  Z  M  J  E  J  R  E  S
W  F  J  E  J  U  P  L  G  N  A  N  E  G  I
W  O  I  V  I  T  I  B  A  T  F  Č  D  K  C
C  N  R  L  S  S  L  U  T  I  U  N  A  A  G
V  Đ  S  M  J  E  S  E  C  V  D  T  C  O  R
```

KOLOVOZ	OŽUJAK
TRAVANJ	SRIJEDA
KALENDAR	MJESEC
NEDJELJA	STUDENI
VELJAČA	LISTOPAD
SIJEČANJ	SUBOTA
ČETVRTAK	TJEDAN
SRPANJ	RUJAN
LIPANJ	PETAK
UTORAK	

42 - Jardinage

```
L I P K O N T E J N E R B S B
I L O S E Z O N S K I P N J O
L L C L V E W R V A G R O E T
J L G O O S D C R J O L S M A
W V T V D A P W S N Đ J G E N
Z A L L A K N B T Ć H A N N I
K D G A R O M E A O U V T K Č
I Z V W G U T Ć S V T Š L E K
C J E O H A D Š I K S T O B I
L R E G Z O T I Č N O I V U N
A M I L K N W L D Đ P N I K T
V T E J I V C P K V M A T E E
N A U A E S N A O C O K S T J
L M A S V V T A T E K J E L V
T H R Đ F V O E J F Z M J V C
```

BOTANIČKI	CVIJET
BUKET	CVJETNI
KLIMA	SJEMENKE
JESTIVO	VLAGA
KOMPOST	KONTEJNER
VODA	SEZONSKI
VRSTA	PRLJAVŠTINA
EGZOTIČNO	TLO
LIŠĆE	CRIJEVO
LIST	VOĆNJAK

43 - Entreprise

```
T  G  V  H  S  F  M  R  Y  P  U  C  M  P  D
G  R  W  E  P  Y  Z  I  Z  W  O  R  N  K  O
M  P  A  J  I  M  O  N  O  K  E  R  E  K  B
J  R  T  N  U  Č  A  R  O  R  P  N  E  D  I
K  O  U  A  S  N  C  B  Z  D  U  Đ  I  Z  T
A  D  L  G  Y  A  B  O  R  V  O  W  R  L  I
R  A  A  A  W  Ć  K  L  T  Y  F  I  P  L  C
I  J  V  L  R  U  A  C  I  N  R  O  V  T  P
J  A  A  U  L  D  Đ  A  I  P  R  I  H  O  D
E  T  V  R  T  K  A  V  E  J  L  A  S  T  P
R  K  H  H  D  S  K  O  J  N  A  D  U  T  K
A  M  L  E  J  I  C  N  A  N  I  F  U  P  T
T  R  O  Š  A  K  I  N  E  L  S  O  P  A  Z
P  O  S  L  O  D  A  V  A  C  K  D  W  T  D
Y  I  P  D  N  A  D  P  V  Y  H  A  E  T  Z
```

NOVAC	EKONOMIJA
DUĆAN	FINANCIJE
PRORAČUN	POREZI
URED	ULAGANJE
KARIJERA	ROBA
TROŠAK	DOBIT
VALUTA	PRIHOD
POSLODAVAC	TRANSAKCIJA
ZAPOSLENIK	TVORNICA
TVRTKA	PRODAJA

44 - Activités

```
S  K  T  G  M  J  M  M  Č  N  K  E  L  R  V
L  P  A  J  I  G  A  M  I  V  C  C  H  I  R
I  E  K  M  T  S  O  N  T  E  J  M  U  B  T
K  P  E  R  P  R  M  U  A  L  L  P  A  A  L
A  P  W  S  J  I  Đ  Đ  N  U  R  P  K  R  A
Đ  K  S  U  N  I  R  T  J  Y  W  H  D  S  R
N  V  I  L  G  K  E  A  E  Z  H  Z  Đ  T  S
Y  S  H  T  N  I  E  J  N  A  V  I  Š  V  T
P  L  E  S  J  O  K  R  J  J  R  I  G  O  V
P  J  E  Š  A  Č  E  N  J  E  E  S  V  R  O
F  O  T  O  G  R  A  F  I  J  A  D  V  V  E
Z  A  D  O  V  O  L  J  S  T  V  O  D  G  G
B  M  V  A  K  T  I  V  N  O  S  T  U  I  C
V  J  E  Š  T  I  N  A  O  O  B  R  T  O  C
K  E  R  A  M  I  K  A  O  L  F  B  M  A  T
```

AKTIVNOST
UMJETNOST
OBRT
KAMPIRANJE
KERAMIKA
LOV
VJEŠTINA
ŠIVANJE
PLES

VRTLARSTVO
IGRE
ČITANJE
MAGIJA
SLIKA
RIBARSTVO
FOTOGRAFIJA
ZADOVOLJSTVO
PJEŠAČENJE

45 - Fleurs

```
S  M  O  Z  N  D  L  Đ  L  V  N  T  J  U  B
R  U  Ž  A  A  A  J  I  N  E  D  R  A  G  O
L  S  Z  J  R  T  J  E  D  T  Z  N  R  F  Ž
A  W  N  E  C  U  K  R  T  B  N  A  K  Đ  U
T  H  C  D  I  L  Y  S  E  E  I  J  E  K  R
I  B  Y  I  S  I  W  W  K  W  L  L  I  G  W
C  J  Y  H  Y  P  F  S  U  K  S  I  B  I  H
A  B  F  R  V  A  L  F  B  H  R  J  N  A  T
S  C  V  O  P  N  C  K  A  Č  A  L  S  A  M
S  U  N  C  O  K  R  E  T  D  M  M  I  D  J
I  L  G  M  A  G  N  O  L  I  J  A  K  N  A
H  I  F  W  F  I  U  J  L  S  O  L  R  A  S
B  L  E  B  V  D  S  O  E  F  J  Y  O  V  M
T  A  U  T  R  A  T  I  N  Č  I  C  A  A  I
P  L  U  M  E  R  I  J  A  B  T  J  S  L  N
```

BUKET	ORHIDEJA
GARDENIJA	MAK
HIBISKUS	LATICA
JASMIN	MASLAČAK
NARCIS	BOŽUR
LAVANDA	PLUMERIJA
LILA	RUŽA
LJILJAN	SUNCOKRET
MAGNOLIJA	DJETELINA
TRATINČICA	TULIPAN

46 - Nourriture #2

```
I  P  Č  E  E  U  A  K  R  B  G  B  P  T  D
Z  Š  O  P  L  U  J  I  U  N  L  T  F  F  C
J  E  K  L  K  J  C  T  I  Đ  M  F  R  E  Đ
M  N  O  I  Đ  Y  J  T  J  W  F  M  W  G  H
N  I  L  S  Z  B  P  U  T  I  L  C  E  V  F
S  C  A  W  Z  R  I  Ž  A  L  U  K  O  R  B
P  A  D  B  R  F  I  A  K  N  U  Š  S  B  T
K  A  A  V  I  J  L  G  U  B  A  D  E  M  R
I  U  T  G  M  R  G  D  B  L  N  N  Đ  W  E
V  R  E  L  E  C  K  U  A  O  I  B  Ž  I  Š
I  H  A  C  I  C  V  R  J  U  T  A  O  J  N
M  A  N  G  O  D  M  G  U  P  E  N  R  A  J
U  Z  S  R  U  Z  Ž  H  E  H  L  A  G  J  A
V  O  A  C  I  Č  J  A  R  G  I  N  U  E  S
O  R  F  R  W  F  N  C  N  N  P  A  H  G  P
```

BADEM
PATLIDŽAN
BANANA
PŠENICA
BROKULA
TREŠNJA
CELER
GLJIVA
ČOKOLADA
ŠUNKA

KIVI
MANGO
JAJE
KRUH
RIBA
JABUKA
PILETINA
GROŽĐE
RIŽA
RAJČICA

47 - Algèbre

```
N T W G F Z A G R A D A Y J C
L A Ž N O R C I N O F U Đ E I
M A T O N Č A N O K S E B D U
E C W O F T K K B O K C F N L
L I N E A R N I C T I I A A C
B J L I L R H E A I H D K D P
O S T P U E P A N J J N T Ž D
R F C S M Đ A D M O V A O B I
P L J O R B F L T O P Z R A J
Y T R N O K I F A R G S N N A
U F N T F M A T R I C A K Y G
V A R I J A B L A N L W L E R
F L M K O L I Č I N A A C A A
R U M U R J E Š E N J E R O M
H N W R S O D U Z I M A N J E
```

DIJAGRAM	MATRICA
EKSPONENT	BROJ
JEDNADŽBA	ZAGRADA
FAKTOR	PROBLEM
LAŽNO	KOLIČINA
FORMULA	RJEŠENJE
FRAKCIJA	SUMA
GRAFIKON	ODUZIMANJE
BESKONAČNO	VARIJABLA
LINEARNI	NULA

48 - Océan

```
I  R  V  L  Š  F  O  L  P  R  D  T  P  K
T  A  N  U  T  Y  K  G  U  L  I  V  E  S  O
I  K  E  C  F  V  V  A  J  L  U  G  E  J  R
K  O  R  N  J  A  Č  A  M  L  N  D  T  M  A
H  E  J  P  R  I  B  A  F  P  L  U  S  O  L
O  S  K  A  M  E  N  I  C  A  I  P  P  R  J
I  L  O  L  M  A  L  V  Č  Z  G  I  U  S  A
A  Y  U  L  H  L  J  O  A  U  R  N  Ž  K  T
I  F  D  J  M  G  G  L  M  D  E  U  V  I  K
M  Đ  M  W  A  E  W  A  A  E  B  S  A  P  J
R  K  I  A  E  B  Đ  V  C  M  E  N  Z  A  F
H  O  B  O  T  N  I  C  A  P  N  J  N  S  N
B  I  B  J  K  Z  L  J  E  N  L  S  Z  V  L
A  U  D  C  T  W  B  C  W  S  Đ  V  Đ  Y  Y
W  V  L  H  U  Z  H  J  Đ  B  Đ  W  L  Đ  J
```

ALGE	MEDUZA
JEGULJA	RIBA
KIT	HOBOTNICA
ČAMAC	MORSKI PAS
KORALJA	GREBEN
RAK	SOL
ŠKAMPI	OLUJA
DUPIN	TUNA
SPUŽVA	KORNJAČA
KAMENICA	VALOVI

49 - Antiquités

```
R H P A V O N B O Đ Z S E E U
K F O U G P D A Đ G Đ L Ć C K
J S A K N P D G M R Z I E V R
A M Đ C E U T A V J I K J V A
U N L I T S E L R U E E L K S
T N R J D W L E I M C Š O A N
E S A A E D E R J J I T T Z O
N K T K C C G I E E J Z S A E
T U E O I K A J D T E V S Y J
I L T O N T N A N N N Y S N N
Č P I G A Y T I O O A U P G A
N T L F V R A T S S R L B W G
O U A I O E N V T T J H N N A
Đ R V J K N E O B I Č N O G L
W A K J B Đ V D Y A Đ O H H U
```

UMJETNOST	SLIKE
AUTENTIČNO	KOVANICE
NAKIT	CIJENA
UKRASNO	KVALITETA
AUKCIJA	OBNOVA
ELEGANTAN	SKULPTURA
GALERIJA	STOLJEĆE
NEOBIČNO	STIL
ULAGANJE	VRIJEDNOST
NAMJEŠTAJ	STAR

50 - Réchauffement Climatique

```
Đ  R  P  E  J  I  C  A  R  E  N  E  G  C  G
L  O  H  K  O  S  Đ  J  B  Z  F  I  Đ  R  W
B  R  T  O  V  Y  E  I  U  N  C  V  L  Y  O
G  A  I  L  Z  F  I  G  D  A  P  K  H  P  V
S  T  T  O  A  B  N  R  U  N  H  U  Đ  I  T
U  Đ  M  Š  R  E  D  E  Ć  S  R  Z  N  A  S
P  E  S  K  I  A  O  N  N  T  H  A  Y  Đ  V
P  L  B  I  M  N  R  E  O  V  K  L  I  M  A
A  O  L  W  U  O  A  I  S  E  P  O  B  R  D
R  K  D  B  N  P  N  T  T  N  A  V  C  I  O
K  R  E  A  U  Z  U  E  S  I  Ž  L  Z  J  N
T  I  K  I  C  Y  Đ  W  O  K  N  A  D  R  O
I  Z  M  O  H  I  E  S  V  W  J  D  S  R  K
K  A  S  N  A  G  M  N  O  Đ  A  A  S  D  A
I  N  D  U  S  T  R  I  J  A  S  A  D  A  Z
```

ARKTIK	PLIN
PAŽNJA	GENERACIJE
KLIMA	VLADA
KRIZA	STANIŠTA
RAZVOJ	INDUSTRIJA
PODACI	MEĐUNARODNI
EKOLOŠKI	ZAKONODAVSTVO
ENERGIJA	SADA
BUDUĆNOST	ZNANSTVENIK

51 - Ballet

```
K G E A Z R A G F I S S Z K L
W O P T C C R L U Z K I O F G
O N R S R I I A Z R L N I L D
T A P E L N T Z F A A T O V O
H Z L G O I A B Ž D E R B U
O O E D P G M A T A A N K A M
A I S F U E R P M J T Z E L J
A C A D B M T A Đ A E I S E E
P A Č Y L P E N F N L T T R T
T R I F I L H I D I J E A I N
S G O A K J N T F Ć J T R N I
T H W B A E I Š U I P A G A Č
I E J Y A S K E P Š I V M B K
L W Đ M D A A J Z I U H T N I
O Đ R J R K N V D M A Đ L D E
```

PLJESAK	INTENZITET
UMJETNIČKI	MIŠIĆI
BALERINA	GLAZBA
KOREOGRAFIJA	ORKESTAR
VJEŠTINA	PUBLIKA
SKLADATELJ	PROBA
PLESAČI	RITAM
IZRAŽAJAN	SOLO
GESTA	STIL
GRACIOZAN	TEHNIKA

52 - Fruit

```
B  J  N  N  U  Z  C  D  P  S  R  S  G  Z  P
B  U  A  V  A  U  G  I  V  I  K  W  C  O  A
R  D  V  B  Y  O  G  N  Š  L  J  I  V  A  P
D  D  K  F  U  W  D  J  D  K  D  W  C  B  A
O  D  O  Z  J  K  J  A  N  I  L  A  M  O  J
P  C  M  M  F  P  A  V  K  I  D  N  N  B  A
L  G  S  B  E  O  C  K  C  O  J  A  A  I  V
Đ  P  F  V  B  H  I  S  Đ  G  V  N  R  C  L
B  H  T  H  A  Z  L  E  P  N  L  A  A  A  L
K  K  A  J  N  Š  E  R  T  A  I  S  N  Y  A
K  R  S  L  A  A  R  B  Đ  M  M  F  Č  O  H
W  T  U  A  N  V  A  J  R  V  U  V  A  Z  Y
Đ  W  B  Š  A  D  M  L  U  M  N  B  G  B  R
S  Y  L  L  K  G  R  O  Ž  Đ  E  J  V  B  Đ
V  Y  D  R  M  A  Đ  U  B  M  M  F  G  B  G
```

MARELICA	KIVI
ANANAS	MANGO
AVOKADO	DINJA
BOBICA	NARANČA
BANANA	PAPAJA
TREŠNJA	BRESKVA
LIMUN	KRUŠKA
SMOKVA	JABUKA
MALINA	ŠLJIVA
GUAVA	GROŽĐE

53 - Musique

```
O J B K R S P V O K A L N I H
S D N F Y B J O P E R A N R A
Z U A C C D E J N A M I N S R
M G D C V L S N O F O R K I M
O E A Đ K I N E B Z A L G R O
B A L M L U I A A P F Z V T N
L I A O I N Č I S A L K M N I
V Y B P D L K I Z U J M J E J
P J Đ M A I I W N O J H U M S
R J U E L N J Č O M K Đ O U K
V I E T K A N A Č I M T I R I
U O T V S S D V Đ W E H Z T Y
G S Z A A S R E A L B U M S Đ
Z T P W M T V J O L E U A N U
L I R S K I I P U K G C Đ I P
```

ALBUM
BALADA
PJEVATI
PJEVAČ
KLASIČNI
SNIMANJE
SKLAD
HARMONIJSKI
INSTRUMENT
LIRSKI

MELODIJA
MIKROFON
MJUZIKL
GLAZBENIK
OPERA
PJESNIČKI
RITAM
RITMIČAN
TEMPO
VOKALNI

54 - Météo

```
T M Z G O A U P A M F E V Đ C
D E L Đ E Đ L O P I D T J R I
E Đ M Y O B K L O H U S E P D
B V U P B C B A P F A C T E M
E S M S E A V R L B W Đ A A A
E U A C N R K N A J W H R A P
K Š D K H A A I V U R A G A N
L A U H D T L T A F W P M U U
I E G F M E B V U Đ D R O D S
M M A H N J O L B R A W E B N
A P H T N V W E S W A J U L O
M A G L A O A T R O P S K I M
D F H P W P T O R N A D O C Z
G R M L J A V I N A J V D C G
A T M O S F E R A P J V S E N
```

DUGA	URAGAN
ATMOSFERA	POLARNI
POVJETARAC	SUHO
MAGLA	SUŠA
NEBO	TEMPERATURA
KLIMA	OLUJA
LED	GRMLJAVINA
POPLAVA	TORNADO
MONSUN	TROPSKI
OBLAK	VJETAR

55 - L'Entreprise

```
E U S R U G B M B G P O P P U
J M O Đ I V O Z L L R Z R O L
N V Y C J Z P I W O I M E S A
A K U L D O I A A B H O Z L G
V J F T R H N C T A O J E O A
A I I K W W A R I L D N N V N
J N V R A A G D M N B A T A J
L O O E T O F O O K P A N E
Š V D A E S M H G R P R C J R
O A N T T M U T U Đ L E I E E
P T E I I Y W D Ć K A D J D S
A I R V L P J L N E Ć A A K U
Z V T N A C I W O I E K R F R
K A U I V H G F S Z W N U C S
C N O T K W F R T U G L E D I
```

POSLOVANJE   PREZENTACIJA
KREATIVNI   NAPREDAK
ODLUKA   KVALITETA
ZAPOŠLJAVANJE   RESURSI
GLOBALNO   PRIHOD
INDUSTRIJA   UGLED
INOVATIVAN   RIZICI
ULAGANJE   PLAĆE
MOGUĆNOST   TRENDOVI

56 - Gouvernement

```
G R A Đ A N S K I Y P L T H D
P O L I T I K A S B B S B I E
S G R P N L Y R A S A E V D M
P U T A W T W T T N R I Đ R O
D R Ž A V L J A N S T V O Ž K
O K J D H P U A V A R P S A R
R O V O G R G S Z E N H A V A
A N G B W A T T T A B K G A C
N R M O T V L K P A K V J Đ I
E I V L V D O Y R H V O P R J
L M N S R A B Đ A Đ O J N U A
Z M Đ H E Y M Đ V O O A J C E
S P O M E N I K A S U D S K I
N E Z A V I S N O S T G A A K
J E D N A K O S T W O R S G D
```

DRŽAVLJANSTVO
GRAĐANSKI
USTAV
DEMOKRACIJA
GOVOR
RASPRAVA
OKRUG
PRAVA
JEDNAKOST
DRŽAVA

NEZAVISNOST
SUDSKI
PRAVDA
SLOBODA
ZAKON
SPOMENIK
NAROD
MIRNO
POLITIKA
SIMBOL

57 - Randonnée

```
K A M P I R A N J E L P P S J
L I T I C A S U N C E A R T H
F U P Đ K N B Z J W T R I V F
D P N P Z D K K Z G U K P M L
A D E M Z I Č I L Z V O R O D
K A R T A V N O A I I V E I C
V I Z U A L J R D P M I M T J
G R S S M J D V O U M A A S R
V L I R P I N W R M R K H O K
C P Č J K U B V I V U Š S N A
H K I H E E G O R R P E S S M
F S D Y J M A D P N P T E A E
P P O U T T E A N I N A L P N
Ž I V O T I N J E C U D N O J
O R I J E N T A C I J A S Y E
```

ŽIVOTINJE
ČIZME
KAMPIRANJE
KARTA
KLIMA
OPASNOSTI
VODA
LITICA
UMORNI
VODIČI

TEŠKA
VRIJEME
PLANINA
PRIRODA
ORIJENTACIJA
PARKOVI
KAMENJE
PRIPREMA
DIVLJI
SUNCE

58 - Nutrition

```
F I O K U Z A Č I N I B S V L
N T N P C R H O K M W U A I C
Đ L P T D N A B K B I U S T M
Y I G A V U Y V Y W N V T A M
Z D R A V L J E N U I L O M V
K H D D V S O K H O E L J I W
A A T E T I L A V K T U C N L
R G L P R O B A V A O E I E K
O A B O V I T S E J R D Ž J K
G R P U R N O U N U P I K E O
P Y H E N I S K O T F J L U N
U M A K T H J O Đ H L E Đ Đ O
E S I B D I N E G V J T Đ P F
T E Ž I N A T O P H V A R D Z
T E K U Ć I N E J N E R V Y L
```

GORAK
APETIT
KALORIJE
JESTIVO
DIJETA
PROBAVA
ZAČINI
URAVNOTEŽEN
VRENJE
SASTOJCI

TEKUĆINE
TEŽINA
PROTEINI
KVALITETA
ZDRAV
ZDRAVLJE
UMAK
OKUS
TOKSIN
VITAMIN

59 - Créativité

```
D V I N T U I C I J A Z I W U
S J J I Z R A Z Y W F E N E M
A L T E T I Z N E T N I S S J
B D I V Š W K T U S A G P C E
R J B K C T Y S S O Č T I B T
D L J Y A S I O L N I A R G N
D O J A M O N N S Č T B A K I
I N G I H N V L A I A I C V Č
I A E J E D I A Ć T M Đ I T K
U T J W J I T T O N A W J Y I
B N I N I U N I N E R T A C K
Z O C T Z L E V S T D Đ Š W V
C P O P I F V A A U Đ A K A Z
E S M A V C N P J A Y G Y F M
G S E P Z T I O S J E Ć A J N
```

UMJETNIČKI
AUTENTIČNOST
JASNOĆA
VJEŠTINA
DRAMATIČAN
IZRAZ
EMOCIJE
FLUIDNOST
IDEJE
SLIKA

MAŠTA
DOJAM
INSPIRACIJA
INTENZITET
INTUICIJA
INVENTIVNI
OSJEĆAJ
SPONTANO
VIZIJE
VITALNOST

60 - Science Fiction

```
D  K  K  U  T  O  P  I  J  A  B  D  O  K  T
Z  V  I  N  E  V  T  S  N  A  J  A  T  Z  E
E  O  N  E  J  L  Š  I  M  A  Z  I  M  B  H
G  Y  O  K  F  O  P  U  N  M  E  Y  S  A  N
I  K  S  M  O  T  A  Z  A  N  D  Z  A  J  O
J  L  F  U  T  U  R  I  S  T  I  Č  K  I  L
N  O  U  M  Z  Z  T  E  J  I  V  S  R  Z  O
K  V  R  Z  P  L  A  N  E  T  A  S  O  O  G
R  R  T  S  I  R  V  P  I  M  O  C  B  L  I
C  G  J  V  P  J  E  V  C  L  Y  E  O  P  J
U  H  V  K  O  W  A  A  N  C  K  N  T  S  A
K  R  A  J  N  O  S  T  L  J  F  A  I  K  A
G  A  L  A  K  S  I  J  A  N  H  R  G  E  U
P  R  O  R  O  Č  I  Š  T  E  O  I  H  D  O
F  A  N  T  A  S  T  I  Č  A  N  J  H  O  J
```

ATOMSKI	KNJIGE
KINO	SVIJET
EKSPLOZIJA	TAJANSTVENI
KRAJNOST	PROROČIŠTE
FANTASTIČAN	PLANETA
VATRA	REALNO
FUTURISTIČKI	ROBOTI
GALAKSIJA	SCENARIJ
ILUZIJA	TEHNOLOGIJA
ZAMIŠLJEN	UTOPIJA

61 - Professions #1

```
L U P A J C A S A G O R T A V
I O L Đ U V F Đ P T D E D I B
J K M O N O R T S A V N L L P
E H P V F R D Z F A J E C G T
Č L Đ O G H P L V N E R P M K
N K I N E B Z A L G T T G B N
I N G U T D N T Y E N S E L P
K L E Č Đ L K A E K I I O O S
Đ P Z A U N F R I T K N L V I
I A U R A K N A B S I A O A H
U M J E T N I K S Y N J G C O
P L E S A Č I C A M D I D N L
A M B A S A D O R E E P H L O
V K M Y F A R G O T R A K J G
V E T E R I N A R K U P K G F
```

AMBASADOR
UMJETNIK
ASTRONOM
ODVJETNIK
BANKAR
ZLATAR
KARTOGRAF
LOVAC
RAČUNOVOĐA
PLESAČICA

TRENER
UREDNIK
GEOLOG
LIJEČNIK
GLAZBENIK
PIJANIST
VATROGASAC
PSIHOLOG
VETERINAR

62 - Géologie

```
Z  G  F  W  C  R  A  V  K  N  T  P  O  G  K
O  E  F  C  O  F  A  J  I  Z  O  R  E  Y  O
N  J  N  H  K  D  E  S  M  U  J  N  P  F  R
A  Z  T  Đ  L  L  Y  S  T  T  W  Z  L  O  A
T  I  T  K  A  L  A  T  S  O  O  F  A  S  L
K  R  V  J  B  K  S  V  F  O  P  H  T  I  J
Y  P  K  A  L  C  I  J  A  O  L  L  O  L  A
K  O  N  T  I  N  E  N  T  K  K  Y  J  Y  H
V  U  L  K  A  N  C  V  J  A  A  S  M  E  T
K  R  I  S  T  A  L  I  B  M  V  L  F  B  N
K  I  S  E  L  I  N  A  J  E  E  O  W  G  K
D  T  K  I  D  W  G  L  D  N  R  J  H  U  S
A  M  H  E  U  I  L  A  R  E  N  I  M  K  W
T  Đ  U  I  I  D  G  D  F  Y  A  E  F  E  W
A  G  L  U  C  F  S  P  R  I  A  R  I  S  Z
```

KISELINA
KALCIJ
KAVERNA
KONTINENT
KORALJA
SLOJ
KRISTALI
EROZIJA
RASTOPLJEN
FOSIL

GEJZIR
LAVA
MINERALI
KAMEN
PLATO
KVARC
SOL
STALAKTIT
VULKAN
ZONA

63 - Jardin

```
R  Z  T  K  L  U  P  A  W  S  K  N  Z  F  T
I  P  R  C  Đ  U  P  T  O  E  L  O  V  R  D
B  K  A  T  A  P  O  L  G  B  A  V  R  N  S
N  L  M  E  C  R  K  F  N  G  D  E  T  O  S
J  A  P  G  V  G  A  R  A  Ž  A  J  R  A  V
A  Y  O  R  I  P  J  S  V  Z  R  I  A  H  U
K  T  L  A  S  Z  N  C  A  T  G  R  V  T  L
O  L  I  B  E  U  Ć  G  R  R  O  C  N  G  O
U  O  N  Ć  G  O  Z  T  J  E  C  J  Đ  F
M  O  I  J  A  R  V  L  O  Z  A  T  A  V  J
H  A  E  E  C  V  I  J  E  T  E  K  K  R  C
Đ  H  Y  G  P  R  Z  H  N  E  J  D  A  T  H
C  O  I  W  R  L  C  C  I  T  O  K  J  F  M
S  A  K  G  K  M  V  Đ  Z  H  O  P  N  Y  G
D  P  O  D  N  M  L  V  D  T  Đ  G  N  Z  U
```

DRVO	KOROV
KLUPA	LOPATA
GRM	TRAVNJAK
OGRADA	GRABLJE
RIBNJAK	TLO
CVIJET	TERASA
GARAŽA	TRAMPOLIN
VISEĆA	CRIJEVO
TRAVA	VOĆNJAK
VRT	LOZA

64 - Santé et Bien Être #1

```
F G V G S V L I J E Č N I K G
N A V I K A I J Z P I Đ B N L
V Ž U V E Ć S J O L L A O A
Y O Đ I L Z I P I S G I K K D
U K P R F W Š T F N U J T R L
T N I U E P I P S F A E E L F
F Z Đ S R P M O L H J Č R I W
K L I N I K A L Đ Z I E I J N
K M Y A J M D J K C P N J E R
Y O I V H K E E U O A J E K R
I H S I G D J K Đ S R E C N W
S N A T D P L A O N E H E N C
M U Y K I N Z R A M T Z R N E
G Đ R A S U O N D R Ž A N J E
H O R M O N I A B N S A R P I
```

AKTIVAN	LIJEK
BAKTERIJE	MIŠIĆI
OZLJEDA	KOSTI
KLINIKA	KOŽA
GLAD	LJEKARNA
LOM	DRŽANJE
NAVIKA	REFLEKS
VISINA	TERAPIJA
HORMONI	LIJEČENJE
LIJEČNIK	VIRUS

65 - Barbecues

```
N D I O K Y P U W P G P J Đ C
O Đ F I P A P A R I I N I M W
Ž P L R V B N R J L I T Š O R
E E Đ U Y Z P E Z E Ć U R V U
V T T Č B A C Č O T E J L U M
I A B A J L S E W I Ć C Z L A
L M J K L G Y V B N R N C O K
E L Z U E A O H K A V C S L K
R H T L T P S P N B O H G I C
P A R N I O J L U G P W L D A
K Z J C B I M D J E C A O A Z
V O F Č O G L A D C K D V V T
W I W T I A Đ T P E H S N S N
M A R U A C D I G R E Ć O V B
K V B L P D E I F M V H P L L
```

VRUĆE	IGRE
NOŽEVI	POVRĆE
RUČAK	GLAZBA
VEČERA	LUK
DJECA	PAPAR
LJETO	PILETINA
GLAD	SALATE
OBITELJ	UMAK
VOĆE	SOL
ROŠTILJ	RAJČICE

66 - Forêt Tropicale

```
U  K  U  V  L  K  A  N  A  T  S  P  O  K  E
R  T  O  N  O  T  H  O  T  U  A  T  V  Đ  J
A  J  O  P  A  D  O  R  I  R  P  I  M  G  T
Z  E  C  Č  N  R  O  L  A  O  I  C  K  U  K
N  Z  M  F  I  K  B  Z  K  G  O  E  G  S  O
O  E  A  K  K  Š  H  I  E  B  A  T  A  D  B
L  E  H  V  Č  T  T  P  V  M  A  U  V  Ž  L
I  J  O  W  I  E  O  E  S  R  C  O  L  U  A
K  N  V  O  N  C  I  C  V  A  S  I  S  N  C
O  A  I  N  A  D  E  J  I  R  V  T  S  G  I
S  V  N  H  T  V  W  P  F  A  Y  C  A  L  Đ
T  U  A  V  O  N  B  O  S  I  W  S  M  A  B
E  Č  B  E  B  U  N  N  J  D  N  Y  I  B  I
P  O  Š  T  O  V  A  N  J  E  K  H  L  M  A
A  Z  A  J  E  D  N  I  C  A  K  D  K  Z  Y
```

VODOZEMCI	MAHOVINA
BOTANIČKI	PRIRODA
KLIMA	OBLACI
ZAJEDNICA	PTICE
RAZNOLIKOST	VRIJEDAN
VRSTA	OČUVANJE
AUTOHTONO	UTOČIŠTE
KUKCI	POŠTOVANJE
DŽUNGLA	OBNOVA
SISAVCI	OPSTANAK

67 - Ferme #1

```
J  U  T  M  B  H  K  N  B  H  Z  A  R  C  G
F  Đ  A  A  D  O  V  H  O  A  Đ  B  E  I  K
M  D  R  G  P  V  D  K  F  B  S  T  A  D  O
P  E  U  A  O  U  T  O  H  F  D  U  Ž  H  Y
O  A  D  R  L  K  Y  N  B  N  M  Z  I  D  D
A  D  S  A  J  M  Đ  J  V  F  H  Đ  R  W  S
W  A  E  C  O  A  N  A  R  V  K  R  A  V  A
V  R  D  K  P  Č  L  P  I  L  E  T  I  N  A
Đ  G  I  N  R  K  O  E  S  I  J  E  N  O  Z
G  O  Z  U  I  A  A  J  Č  N  N  Y  S  Z  O
U  H  B  Y  V  Đ  Z  L  W  P  Z  B  G  I  K
U  P  K  Y  R  G  N  O  J  I  V  O  N  B  Đ
R  Z  E  L  E  T  O  P  D  M  N  V  H  S  Y
F  Y  C  D  D  U  F  V  P  A  T  P  S  A  U
O  Đ  E  O  A  P  C  V  G  B  Đ  L  E  W  S
```

PČELA
POLJOPRIVREDA
MAGARAC
BIZON
POLJE
MAČKA
KONJ
KOZA
PAS
OGRADA

VRANA
VODA
GNOJIVO
SIJENO
MED
PILETINA
RIŽA
STADO
KRAVA
TELE

68 - Café

```
M D J U T R O J A Z G K E V Z
T L P O D R I J E T L O A S J
S H I W L I T I L M N A D O V
O A H J A S C E Ć I P R F K D
K M M R E U Z C K A R O G I W
I E P L E K K O Š U E M Đ S H
L R C S J O O I A A Ć A U E D
O K I S E E M W L K E I W L T
N V J P R A T L I F Š P N O B
Z J E C R N A I C U C D I A G
A L N S K V S D A N M B E N O
R V A Đ I S A T H F Đ M F E F
W D Z M L J L C A O R N O Ž V
F C W L M D S Y R U Z V K R A
T P R G T W M Đ D D M C Z P V
```

KISELO
GORAK
AROMA
PIĆE
KOFEIN
KREMA
VODA
FILTAR
MLIJEKO
TEKUĆINA

JUTRO
SAMLJETI
CRNA
PODRIJETLO
CIJENA
PRŽENA
OKUS
ŠEĆER
ŠALICA
RAZNOLIKOST

69 - Antarctique

```
R Y M I N E R A L I L V M V C
Z V U J U Č A V I Ž A R T S I
I Y V D S G G S V C R Z E S T
K O N Z E R V A C I J A M F K
P F E W U L E T D V R J P F O
T L V S E V J I V O J I E R N
I H T L U D L V Y T V C R M T
C U S Y E U A O Y I P I A I I
E M N D V A Z N Đ K O D T G N
I C A J N E D E L O L E U R E
L G N A N O T J G T U P R A N
E W Z W Z T C T J O O S A C T
O K O L I Š G S U C T K A I C
N H F R V R W S L I O E Đ J Z
G E O G R A F I J A K L I A O
```

ZALJEV
KITOVI
ISTRAŽIVAČ
KONZERVACIJA
KONTINENT
VODA
OKOLIŠ
EKSPEDICIJA
GEOGRAFIJA
LED

LEDENJACI
OTOCI
MIGRACIJA
MINERALI
PTICE
POLUOTOK
STJENOVITA
ZNANSTVEN
TEMPERATURA

70 - Professions #2

```
K N J I Ž N I Č A R S A W A K
I G K F O Z O L I F C R S Đ I
I I Y O V R T L A R Y U Đ Y R
V I R T J L E T I M U Z I F U
V P T O U Č I T E L J W N D R
B L O G P T J F Y D R K Ž I G
D M U R C H F L C Y I K E L A
S E D A R A B U Z A D L N U S
M L T F O A M G H L Đ N J S T
W E I E K I N Č E J I L E T R
S V W K K U B I O L O G R R O
D J Y S A T P C V G P O G A N
A G B I H R I L T O L I P T A
Đ L G U Z V M V P C N H I O U
J E Z I K O S L O V A C T R T
```

ASTRONAUT
KNJIŽNIČAR
BIOLOG
KIRURG
ZUBAR
DETEKTIV
UČITELJ
ILUSTRATOR
INŽENJER

IZUMITELJ
VRTLAR
NOVINAR
JEZIKOSLOVAC
LIJEČNIK
SLIKAR
FILOZOF
FOTOGRAF
PILOT

71 - Les Abeilles

```
P E C N U S E S L Z R I R D M
A Đ K V F W W Z F S P Z S T C
T C W G I V V P H V U C A F G
H R A N A J O R E N H O R G F
B V L K Z D E M K O Š N I C A
I O I A U I S Ć T M J S Z Đ Đ
L S R Z N K K R E C V I J E T
J A K K R A L J I C A R R E H
E K H P W N O D I M B O C T V
V R T E R A Z N O L I K O S T
D N M L Ć O E K O S U S T A V
J E W U T O G M C W G E H Z G
Đ O A D D Y V S T A N I Š T E
S V A P A J P R N V K I J I I
E R P U T J K L B N S I E D G
```

KRILA
KORISNO
VOSAK
RAZNOLIKOST
ROJ
EKOSUSTAV
CVIJET
CVIJEĆE
VOĆE
DIM

STANIŠTE
KUKAC
VRT
MED
HRANA
BILJE
PELUD
KRALJICA
KOŠNICA
SUNCE

72 - Santé et Bien Être #2

```
Z  T  D  M  C  U  G  Đ  Z  V  N  A  R  H  Z
L  K  W  Đ  J  T  E  F  O  R  P  U  P  B  B
S  R  N  A  C  I  N  L  O  B  K  G  J  V  D
E  T  F  D  S  T  E  O  P  O  R  A  V  A  K
N  S  R  E  Y  E  T  L  S  Y  W  Ž  A  N  Đ
E  E  V  E  R  P  I  E  Đ  Y  H  A  R  E  H
R  L  I  H  S  A  K  J  T  G  V  S  D  J  A
G  O  T  L  W  A  A  I  M  Z  C  A  Z  I  J
I  B  A  W  M  N  N  T  J  B  I  M  L  G  I
J  B  M  N  A  J  I  C  K  E  F  N  I  I  M
A  V  I  A  W  Z  Ž  J  W  V  F  S  E  H  O
W  C  N  R  Z  Z  E  I  S  H  R  A  N  A  T
K  G  T  J  R  C  T  K  A  L  O  R  I  J  A
N  R  G  P  Đ  R  A  L  E  R  G  I  J  A  N
L  G  V  D  E  H  I  D  R  A  C  I  J  A  A
```

ALERGIJA	INFEKCIJA
ANATOMIJA	BOLEST
APETIT	MASAŽA
KALORIJA	ISHRANA
TIJELO	TEŽINA
DEHIDRACIJA	OPORAVAK
ENERGIJA	ZDRAV
GENETIKA	KRV
BOLNICA	STRES
HIGIJENA	VITAMIN

73 - Conduite

```
P  O  C  C  O  P  Đ  L  L  K  O  D  I  B  G
O  P  J  Y  B  I  A  T  I  O  P  L  I  N  O
L  A  T  U  G  W  V  S  Č  I  D  O  O  R
I  S  M  U  G  T  V  O  E  N  D  G  O  I  I
C  N  C  O  N  T  B  N  N  I  N  P  Y  M  V
I  O  T  E  T  E  S  R  C  C  T  S  D  A  O
J  S  K  Đ  S  O  L  U  A  E  P  M  Đ  K  K
A  T  A  V  O  T  C  G  N  E  S  R  E  Ć  A
B  G  R  K  E  K  A  I  U  Z  R  O  P  P  Š
R  J  T  T  G  O  V  S  K  V  N  T  Y  A  E
Z  L  A  Ž  A  R  A  G  G  L  S  O  K  A  J
I  R  C  Đ  J  W  K  H  U  T  E  M  O  R  P
N  U  T  P  R  I  J  E  V  O  Z  P  E  I  I
A  A  U  T  O  M  O  B  I  L  B  J  M  T  C
Y  E  A  F  C  I  J  D  R  S  M  L  W  B  A
```

NESREĆA	MOTOCIKL
KAMION	PJEŠAK
GORIVO	POLICIJA
KARTA	CESTA
OPASNOST	SIGURNOST
KOČNICE	PROMET
GARAŽA	PRIJEVOZ
PLIN	TUNEL
LICENCA	BRZINA
MOTOR	AUTOMOBIL

74 - Plantes

```
R P H Z T Y D S L Y Z D J L T
D U N W R N E N A J L Š R B N
C R P K A V K E T M C Z J K E
C F V C V S P J I P U D O A G
C I Đ O A R Đ I C R Y Š R K R
L B A M B U S R A P T F F T A
B O B I C A K O V W U C Đ U H
O P V Z Đ N N K R H T A U S I
L R A S T I V F T E J I V C T
I W K B O T A N I K A T G U W
Š W K U E E D G Z H U Z K R E
Ć G N O J I V O R I O K T N D
E M A H O V I N A M F L O R A
N V E G E T A C I J A T S W G
R V P L Z Y C V K W S M R O R
```

DRVO	ŠUMA
BOBICA	RASTI
BAMBUS	GRAH
BOTANIKA	TRAVA
GRM	VRT
KAKTUS	BRŠLJAN
GNOJIVO	MAHOVINA
LIŠĆE	LATICA
CVIJET	KORIJEN
FLORA	VEGETACIJA

75 - Ferme #2

```
M  I  Đ  V  G  S  O  D  L  R  A  Y  N  P  N
A  L  E  N  O  C  G  A  C  I  N  Š  O  K  A
Č  E  I  M  S  W  E  N  F  T  V  T  C  E  V
E  J  P  J  A  E  Ć  O  V  S  N  A  H  O  O
J  N  A  E  E  H  R  A  N  A  B  C  D  M  D
G  I  G  N  G  K  V  L  Z  P  L  I  O  A  N
C  T  Z  I  J  Đ  O  A  R  I  Z  N  O  K  J
O  O  Đ  H  F  E  P  M  E  D  T  E  P  T  A
S  V  O  C  E  T  E  L  O  T  Š  F  A  V
U  I  S  T  A  J  A  I  O  K  R  P  A  P  A
D  Ž  N  O  A  H  Z  J  N  D  A  K  C  L  N
D  O  M  E  B  U  S  B  P  A  K  L  O  E  J
N  E  I  V  T  N  T  W  C  L  T  B  L  G  E
J  T  V  O  Ć  N  J  A  K  T  O  P  O  L  N
K  U  K  U  R  U  Z  K  N  K  R  R  Z  Đ  Z
```

JANJETINA
ŽIVOTINJE
PASTIR
PŠENICA
PATKA
VOĆE
STAJA
NAVODNJAVANJE
MLIJEKO
LAME

POVRĆE
KUKURUZ
OVCE
ZRELO
HRANA
JEČAM
LIVADA
KOŠNICA
TRAKTOR
VOĆNJAK

76 - Vacances #2

```
P  P  A  P  Y  H  O  T  E  L  O  Z  R  V  R
U  R  E  U  Đ  K  K  N  J  D  V  D  G  Z  V
T  I  L  T  C  M  E  O  N  L  O  H  M  F  J
O  J  Đ  O  G  E  Y  U  A  Ž  A  L  P  O  I
V  E  A  V  N  T  D  I  R  Š  A  T  O  R  R
A  V  T  N  N  E  T  Š  I  D  E  R  D  O  B
N  O  Y  I  G  B  Y  Y  P  S  W  H  J  B  S
J  Z  J  C  V  I  Z  A  M  T  K  K  G  R  T
E  J  E  A  J  Z  W  F  A  F  B  A  Đ  E  R
K  A  R  T  A  P  K  S  K  A  L  V  T  S  A
Z  R  A  Č  N  A  L  U  K  A  T  G  W  T  N
E  K  K  J  M  D  H  E  O  G  K  S  H  O  A
U  D  J  K  K  O  Đ  F  T  E  L  Z  D  R  C
W  E  J  I  F  A  R  G  O  T  O  F  V  A  R
E  J  I  C  A  V  R  E  Z  E  R  E  A  N  T
```

ZRAČNA LUKA	PLAŽA
KAMPIRANJE	RESTORAN
KARTA	REZERVACIJE
ODREDIŠTE	TAKSI
STRANAC	ŠATOR
HOTEL	VLAK
OTOK	PRIJEVOZ
MORE	ODMOR
PUTOVNICA	VIZA
FOTOGRAFIJE	PUTOVANJE

77 - Temps

```
J  V  A  M  I  N  U  T  A  T  A  S  I  J  Z
K  U  R  O  R  O  K  S  U  J  D  Đ  J  A  S
W  Z  T  A  D  H  E  O  V  E  A  L  D  P  I
T  I  Đ  R  W  S  A  N  A  D  S  V  M  H  I
O  D  K  N  O  G  Ś  Y  A  R  W  S  L  R
F  N  L  V  E  O  T  U  P  N  P  R  I  J  E
N  A  K  O  N  D  O  D  P  O  D  N  E  L  Č
R  A  B  S  U  I  L  U  F  G  K  L  D  A  U
M  Đ  D  A  L  Š  J  B  H  Đ  K  T  S  G  J
J  U  G  C  E  N  E  A  N  C  V  G  C  O  J
E  H  W  G  U  J  Ć  M  E  D  K  A  J  D  G
S  G  E  L  W  I  E  B  W  F  N  U  H  I  I
E  K  A  L  E  N  D  A  R  J  C  O  Z  N  Z
C  D  E  S  E  T  L  J  E  Ć  E  F  Ć  A  Đ
B  K  W  E  A  V  T  C  K  O  O  O  S  N  A
```

GODINA	JUČER
GODIŠNJI	DAN
NAKON	SADA
DANAS	JUTRO
PRIJE	PODNE
USKORO	MINUTA
KALENDAR	MJESEC
DESETLJEĆE	NOĆ
BUDUĆNOST	TJEDAN
SAT	STOLJEĆE

78 - Immigration

```
Z O J Z E Đ C Č G U P R A V A
K A D F C K N A O R S E J Đ Y
O C Š R U Z R S D J A J E I I
M E N T A G W N O H T N L S J
U J Y L I S S I B K Z A I E W
N D M A T T L K R S I R D C S
I P C N N Z A I E I N A H O E
K S L K E D A Z N T O V Đ R J
A T U E M H P E J U K O R P N
C R M F U P O J E A A G C H E
I E H D K U M O N C Z E Đ J Š
J S Đ N O F O Y G I U R L Z E
A I I S D Đ Ć E H J P P U J J
L L K U Ć I Š T E A V T J F R
F I N A N C I R A N J E K B J
```

UPRAVA
ODRASLI
POMOĆ
ODOBRENJE
KOMUNIKACIJA
ROK
DOKUMENTI
DJECA
FINANCIRANJE
GRANICE

JEZIK
KUĆIŠTE
ZAKON
PREGOVARANJE
ČASNIK
PROCES
ZAŠTITA
SITUACIJA
RJEŠENJE
STRES

79 - Maison

```
S G A G P G F F L L E K P I T
L T M U Z A L T E M J K R O V
K R R Z B R Z G R P L S O B A
U V U O E A I F R R V G R A D
E C V S P Ž D Y A O O P H Z A
K A M I N A M M O Z R A B K R
J E O U T Z A T R O K C P K G
M G A G H N Š U T R T I P V O
P V C R Z O G S P E O N W M P
N M Đ F S A T A R V P Ž A J G
E D A P R U V N D R M I N Đ I
W T V C G K Y J V U M J H K U
K U H I N J A A E V Z N R W Z
O G L E D A L O L S P K L C B
S V J E T I L J K A E M H J D
```

METLA   POTKROVLJE
KNJIŽNICA   VRT
SOBA   SVJETILJKA
KAMIN   OGLEDALO
TIPKE   ZID
OGRADA   STROP
KUHINJA   VRATA
TUŠ   ZAVJESE
PROZOR   TEPIH
GARAŽA   KROV

80 - Légumes

```
M  G  P  Z  D  A  K  Đ  H  E  N  O  S  A  V
P  A  L  U  K  O  R  B  U  C  E  L  E  R  W
Z  T  S  J  S  M  M  J  W  M  U  Y  W  E  Č
V  A  U  L  I  W  E  F  V  M  B  N  D  K  E
P  L  A  C  I  V  K  T  O  R  T  I  I  R  Š
F  A  P  E  R  N  A  W  L  A  K  Š  R  A  N
Đ  S  W  T  R  T  A  N  I  P  Š  R  B  S  J
P  A  T  L  I  D  Ž  A  N  S  H  E  U  T  A
N  U  Y  C  S  L  Đ  Z  A  R  U  P  N  A  K
V  C  L  U  K  A  Š  A  R  G  O  Đ  D  V  A
B  M  R  K  V  A  C  I  Č  J  A  R  E  A  T
Y  L  U  K  K  O  Z  J  A  K  M  U  V  C  S
U  A  M  Z  S  A  K  O  Č  I  T  R  A  R  K
C  C  E  N  P  L  I  B  H  C  Z  U  D  T  Z
Đ  U  Z  U  I  C  R  A  J  W  A  W  Y  W  B
```

ČEŠNJAK	ŠPINAT
ARTIČOKA	ĐUMBIR
PATLIDŽAN	REPA
BROKULA	LUK
MRKVA	MASLINA
CELER	PERŠIN
GLJIVA	GRAŠAK
BUNDEVA	ROTKVICA
KRASTAVAC	SALATA
LUK KOZJAK	RAJČICA

81 - Famille

```
D P O M A J K A D I J E T E B
J R M Č G C A T O R T Đ A G A
E E D N I Ž J M G K A Ć E N K
T D E J D N U H G Ć C B K C A
I A K T E T S M G I E C D U R
N K N I T M T K K P J S O R T
J O I E B R A T I A D A S O S
S B G B Ć M W I Z G Y Z R Đ E
T W K Z J A G U R P U S V A S
V A K P A M K Y N S M K B K Z
O P R K S L E I K W E B D F Đ
V V M Đ V I K S N I Č J A M A
G C K N T G A Y B J P O Y Đ G
A N L D I M B F E D A J P F T
V H C P I A Đ C M V Y D L B E
```

PREDAK
ROĐAK
DJETINJSTVO
DIJETE
DJECA
SUPRUGA
KĆI
BRAT
BAKA
DJED

MUŽ
MAJČINSKI
MAJKA
NEĆAK
NEĆAKINJA
UJAK
OČINSKI
OTAC
SESTRA
TETKA

82 - Oiseaux

```
G U S K A C I V A K U K U U L
P O V W K B O U N A C U O T A
C A B A R V T V I Y V V F B B
C G T F O H O P T P A U N R U
S I E K L V P E E F D L G J D
R P M R A A F Z L A O S H A N
W A U M J K M C I L R G J J Z
U P B I L B M I P W T M J E Z
Y L L H P B D V N A K I L E P
D C L E A E U R D G N A K C E
A M J Đ Č L L L J W O Z W K J
Đ A E L P A B L O A R O H D P
W F Đ V Z G P I N G V I N K W
S T S T E J J K A A H R D H C
G F U V R A N A H T Đ A I D N
```

ORAO	VRABAC
NOJ	GALEB
PATKA	JAJE
RODA	GUSKA
VRANA	PAUN
KUKAVICA	PAPIGA
LABUD	PELIKAN
FLAMINGO	GOLUB
ČAPLJA	PILETINA
PINGVIN	TOUCAN

83 - Disciplines Scientifiques

```
F  G  M  G  Đ  H  R  L  G  B  Đ  A  M  G  B
V  I  G  B  D  F  E  L  N  I  B  S  O  W  I
N  E  Z  D  R  V  I  J  Y  O  K  T  F  H  O
Đ  Đ  B  I  L  U  S  H  S  L  G  R  P  W  K
A  U  N  K  O  A  J  I  G  O  L  O  K  E  E
D  O  F  L  A  L  J  V  D  G  T  N  B  G  M
I  O  R  N  J  A  O  I  Đ  I  S  O  O  E  I
W  M  Z  D  I  J  I  G  Z  J  S  M  T  O  J
M  E  H  A  N  I  K  A  I  A  P  I  A  L  A
O  D  B  O  J  M  C  N  I  J  E  J  N  O  N
O  E  D  P  F  O  N  R  R  E  A  A  I  G  C
G  C  J  E  D  T  K  E  M  I  J  A  K  I  T
R  E  P  E  I  A  Y  O  G  V  B  T  A  J  C
D  P  N  T  W  N  W  D  H  O  W  A  R  A  Z
F  A  K  I  M  A  N  I  D  O  M  R  E  T  N
```

ANATOMIJA

ASTRONOMIJA

BIOKEMIJA

BIOLOGIJA

BOTANIKA

KEMIJA

EKOLOGIJA

GEOLOGIJA

MEHANIKA

FIZIOLOGIJA

TERMODINAMIKA

84 - Maladie

```
A J I Z S S E N L L E W M V Z
D I Š N I L T E R A P I J A M
C T N A L N A Č I N O R K V I
A S W Z R Z R B S U F U E B I
T O L E J I T G D I N Ć U L P
I K K N A Z A R A Z N T V B T
U Y L N A T U K A L F D Đ O O
P A W I K S T E N E G I R N C
A L I O W S L D E U A T D O M
L E C R S I F J D N N K T F M
A R F I Đ N P T E T I N U M I
G G A K P U I Z C D V B U G S
D I A H D S Y G O T N K Đ U O
A J I T A P O R U E N O Đ P E
H E Z D R A V L J E I B N Y S
```

AKUTAN
ALERGIJE
WELLNESS
KRONIČAN
ZARAZAN
TIJELO
SRCE
SLAB
GENETSKI
NASLJEDNO

IMUNITET
UPALA
NEUROPATIJA
KOSTI
PLUĆNI
DIŠNI
ZDRAVLJE
SINUS
SINDROM
TERAPIJA

85 - Univers

```
D I O R E T S A A A H T S G A
U R M Y L E Đ M S S E S O A I
V I R G Z L F A T T M Đ L L R
B F B C J E N T R R I D S A C
G O L P K S D F O O S U T K A
V N E B O K Đ O N N F Ž I S T
I A W K M O Z S O O E I C I M
D Č B R M P Đ B M M R N I J O
L N M J E S E C I Š A A J A S
J U B G V C Z J J I D T I W F
I S B Y A N L L A R B I F P E
V H O R I Z O N T I N B H G R
K O Z M I Č K I J N O R Đ J A
B E K V A T O R P A Y O G C T
M Z O D I J A K G S W L F U C
```

ASTEROID	ŠIRINA
ASTRONOM	DUŽINA
ASTRONOMIJA	MJESEC
ATMOSFERA	TAMA
NEBO	ORBITA
KOZMIČKI	SUNČANO
EKVATOR	SOLSTICIJ
GALAKSIJA	TELESKOP
HEMISFERA	VIDLJIV
HORIZONT	ZODIJAK

86 - Géographie

```
R D A R G S K A R Z E D B M R
D H N E D I A T L E A W M O J
E V I S I N A L H J G P N R K
K A R T A O P A R Č H I A E O
U R I E J L T S N U D S J D N
N E Š J L O D O W R Y Đ I A T
N F S I M G W N K D Y S D N I
S S Đ V E S V U N O O L I I N
J I S S Z N T E S P B I R N E
E M Z L B E O A N V R V E A N
V E B F N U O M J R O B M L T
E H R I J E K A U E J I D P Y
R M Y T Y A I I G O C E A N G
J U E Z K J W Y T F C Y N B A
U A Đ F O U A D L Đ B I S Đ N
```

VISINA
ATLAS
KARTA
KONTINENT
RIJEKA
HEMISFERA
OTOK
ŠIRINA
MORE
MERIDIJAN

SVIJET
PLANINA
SJEVER
OCEAN
ZAPAD
ZEMLJA
REGIJA
JUG
PODRUČJE
GRAD

87 - Danse

```
K O R E O G R A F I J A S T P
I Z R A Ž A J A N C M C K R O
M A T I R E N T R A P Y O A K
O I A Y C S N C P M C R K D R
A E L G N A T S O D A R K I E
M W G O A R I R R A J Đ A C T
K O H T S U E M O C I J A I U
D L U C U T R T B V M D P O M
E R A K V L C J T H E R L N J
N H Ž S Z U C F I N D I V A E
P O M A I K F B J C A Y K L T
C K R U N Č G J E T K Y Đ A N
W J P Y J J N L L H A S Y N O
P R O B A G E I O G M H R K S
G L A Z B A K U L T U R N I T
```

AKADEMIJA	RADOSTAN
UMJETNOST	POKRET
KOREOGRAFIJA	GLAZBA
KLASIČNI	PARTNER
TIJELO	DRŽANJE
KULTURA	PROBA
KULTURNI	RITAM
IZRAŽAJAN	SKOK
EMOCIJA	TRADICIONALAN
MILOST	VIDNI

88 - Bâtiments

```
U  I  B  W  C  S  C  N  R  O  F  T  C  E  H
Z  H  O  F  L  T  Y  Z  A  N  I  B  A  K  O
V  L  L  J  H  A  Z  T  D  Z  Y  F  J  L  T
J  K  N  K  A  D  A  M  I  S  R  G  A  Z  E
E  A  I  E  D  I  D  R  O  T  A  Š  T  R  L
Z  Z  C  T  U  O  Đ  V  N  A  M  W  S  F  O
D  A  A  Š  S  N  K  G  I  N  J  U  H  U  B
A  L  L  I  J  S  T  S  C  I  Đ  G  Z  A  I
R  I  O  L  O  O  H  C  A  R  O  V  D  E  V
N  Š  K  I  G  A  R  A  Ž  A  O  P  F  O  J
I  T  Š  Č  T  V  O  R  N  I  C  A  U  V  N
C  E  S  U  P  E  R  M  A  R  K  E  T  A  A
A  I  N  E  H  P  B  T  E  U  F  P  O  U  R
O  E  B  V  K  M  S  K  I  N  O  L  Z  K  O
R  G  D  S  Đ  T  E  A  W  P  M  F  D  Z  T
```

STAN
RADIONICA
KABINA
DVORAC
KINO
ŠKOLA
GARAŽA
STAJA
BOLNICA
HOTEL

MUZEJ
ZVJEZDARNICA
STADION
SUPERMARKET
ŠATOR
KAZALIŠTE
TORANJ
SVEUČILIŠTE
TVORNICA

89 - Activités et Loisirs

```
N D O V T S R A B I R K A N U
D N I T A V O T U P R A K J M
D T N D P D N Y Đ O M M P B J
V B Z Z A K J O B D O P G E E
R H F V K S E J N A V I L P T
T S T A I I N I E R K R C J N
L U G P L I J I B O H A V L O
A R O K S U E T O Đ E N H M S
R F L L O B Z J E B V J T I T
S A F M O Š Đ A F M W E O L V
T N P Z C V A T L K O K E Đ O
V J W A H W N R E W Z G E C T
O E D J B K I Z K N Z B O K S
O P U Š T A N J E A I O I N H
P J E Š A Č E N J E E S U S O
```

UMJETNOST
BEJZBOL
KOŠARKA
BOKS
KAMPIRANJE
NOGOMET
GOLF
VRTLARSTVO
PLIVANJE
HOBIJI

SLIKA
RIBARSTVO
RONJENJE
PJEŠAČENJE
OPUŠTANJE
SURFANJE
TENIS
ODBOJKA
PUTOVATI

90 - Livres

```
R  S  I  A  R  K  S  L  E  B  S  W  Đ  Z  A
E  E  N  V  O  O  P  T  I  V  O  H  U  D  Đ
L  R  V  A  M  N  E  O  R  J  G  U  Z  P  W
E  I  E  N  A  T  O  Y  V  A  M  S  E  J  P
V  J  N  T  N  E  Z  J  O  I  N  M  C  B  S
A  A  T  U  B  K  B  H  O  C  J  I  P  M  H
N  F  I  R  C  S  R  F  J  H  B  E  C  L  L
T  S  V  A  U  T  Z  B  I  R  K  A  S  A  D
A  I  N  R  A  R  E  T  I  L  N  Č  W  N  M
N  Č  I  D  U  A  L  N  O  S  T  I  Y  J  I
Z  C  I  O  K  W  L  A  U  T  O  R  F  W  N
U  R  K  T  J  I  B  T  H  T  C  P  Y  N  H
V  V  C  F  A  J  I  Z  E  O  P  K  T  Đ  T
G  N  H  O  N  Č  I  G  A  R  T  U  I  B  T
P  R  I  P  O  V  J  E  D  A  Č  U  Z  S  F
```

AUTOR	ČITAČ
AVANTURA	LITERARNI
ZBIRKA	PRIPOVJEDAČ
KONTEKST	STRANICA
DUALNOST	RELEVANTAN
EP	PJESMA
PRIČA	POEZIJA
POVIJESNI	ROMAN
DUHOVIT	SERIJA
INVENTIVNI	TRAGIČNO

91 - Pays #2

```
R Đ N Đ K D V S I M G G S N I
U U L A M S A J A M A J K A N
K K S T O N J N A P A J U D D
R S O I Đ W I A S V H S P U O
A T A T J A L T M K P M Đ S N
J Z L I L A A S E E A V M R E
I T E A Z P M I J C K E B F Z
N V K H N A O K S U S S T D I
A F W Y N O S A I G U F I O J
Đ Đ K M O O A P R A C S R K A
A L B A N I J A I N N H J C O
T F F I A N I K J D A Z A Đ R
T F S L B N N S A A R K U M N
N A G B I Đ E R D V F N L F A
V B K F L N K I M W B M W W F
```

ALBANIJA

KINA

DANSKA

FRANCUSKA

HAITI

INDONEZIJA

IRSKA

JAMAJKA

JAPAN

KENIJA

LAOS

LIBANON

MEKSIKO

UGANDA

PAKISTAN

RUSIJA

SOMALIJA

SUDAN

SIRIJA

UKRAJINA

92 - Jazz

```
V R P O S K L A D A T E L J E
S K M V R L E S K H O Đ I P A
J S N O N K A O H Z C B T R A
P T N N A I E V N T F Y S T N
I A I S Ž N A S P R P U I S E
K R T O W T C I T I R O V A F
Y O A L U E V L N A C E E M Z
W Đ N O M J J B E B R H J S T
S F Z C T M P V L Z S N N E M
C I O D E U A A A A O Y B J K
U D P E B R N T T L W D U P J
O V D S Z M T S I G Z K B U U
T E H N I K A A L R N S I F D
Đ N F B T G B S A L B U M M Đ
I M P R O V I Z A C I J A R W
```

ALBUM	GLAZBA
UMJETNIK	NOVO
POZNATI	ORKESTAR
PJESMA	RITAM
SKLADATELJ	SOLO
SASTAV	STIL
KONCERT	TALENT
FAVORITI	BUBNJEVI
ŽANR	TEHNIKA
IMPROVIZACIJA	STAR

93 - Paysages

```
M  J  E  Z  E  R  O  J  M  I  N  R  E  L  Y
O  J  C  O  C  H  D  P  Z  P  L  G  R  K  R
Č  T  R  F  D  O  L  I  N  A  R  D  N  U  T
V  I  J  N  Y  R  K  A  J  N  E  D  E  L  O
A  K  E  J  I  R  Y  N  B  I  S  Z  O  Y  M
R  L  E  D  E  N  A  S  F  N  L  Y  E  W  D
A  Ž  A  L  P  V  H  T  G  A  P  S  U  I  L
B  G  U  Š  Ć  E  R  O  M  L  O  T  O  K  V
A  R  E  Š  P  I  L  J  A  P  O  F  B  O  O
S  K  D  J  A  P  U  S  T  I  N  J  A  T  D
P  Y  K  O  Z  V  U  L  K  A  N  L  O  O  O
D  S  P  G  A  I  E  R  O  S  Z  E  R  U  P
L  E  A  W  O  G  R  I  P  A  Y  N  T  L  A
W  O  E  B  R  A  N  S  L  W  W  D  A  O  D
Đ  R  J  T  W  A  J  P  T  L  D  N  B  P  M
```

VODOPAD	JEZERO
BRDO	MOČVARA
PUSTINJA	MORE
UŠĆE	PLANINA
RIJEKA	OAZA
GEJZIR	POLUOTOK
LEDENJAK	PLAŽA
ŠPILJA	TUNDRA
LEDENA	DOLINA
OTOK	VULKAN

94 - Pays #1

```
N N I K A R A G V A K G K K O
J N Y D N N D A F K S V F A H
E R I J I U T F I S Đ H E N M
M L S U T Đ W G L J M U S A M
A S M P N V K A I N W I L D A
Č M O K E J Š N P U L H N A R
K V A F G H P I I M A L I I O
A N W N R E A S N U J M K T K
L F K U A J N T I R M A S R O
I I M A C P J A M I N D I J A
Z G B P N S O N E K V A D O R
R N H I H P L F I N S K A Đ B
A M T T J T S U P O L J S K A
E I H H C A K Š E V R O N Y S
L I Z A R B A L E U Z E N E V
```

AFGANISTAN	LIBIJA
NJEMAČKA	MALI
ARGENTINA	MAROKO
BRAZIL	NIKARAGVA
KANADA	NORVEŠKA
ŠPANJOLSKA	PANAMA
EKVADOR	FILIPINI
FINSKA	POLJSKA
INDIJA	RUMUNJSKA
IZRAEL	VENEZUELA

95 - Nombres

```
T  S  E  A  N  M  A  S  O  V  U  R  Y  W  D
J  T  E  S  E  D  A  V  D  Z  I  U  U  D  E
Z  J  D  D  G  H  V  Č  E  T  I  R  I  G  V
H  J  H  T  A  O  D  K  C  F  O  H  Đ  S  E
E  T  L  H  T  M  E  U  L  E  O  U  I  R  T
D  S  L  E  N  Đ  N  B  Y  D  P  D  U  R  S
T  E  Š  R  Đ  H  R  A  Đ  F  B  S  D  D  E
H  A  V  E  H  S  T  S  E  A  N  I  R  T  A
V  N  T  E  S  E  D  C  G  S  W  C  K  M  N
M  R  A  C  T  T  O  S  A  M  T  S  C  P  A
E  T  Đ  A  Đ  N  Š  E  S  N  A  E  S  T  V
V  E  N  U  L  A  A  T  Đ  P  P  E  T  V  D
W  Č  S  K  Đ  C  W  E  Y  I  Đ  D  P  L  P
P  E  T  N  A  E  S  T  S  S  E  D  A  M  I
D  E  C  I  M  A  L  A  A  T  R  U  Z  K  U
```

PET	ČETRNAEST
DVA	ČETIRI
DECIMALA	PETNAEST
DESET	ŠESNAEST
OSAMNAEST	SEDAM
DEVETNAEST	ŠEST
SEDAMNAEST	TRINAEST
DVANAEST	TRI
OSAM	DVADESET
DEVET	NULA

96 - Psychologie

```
K E D T J S H A J A N Z O P S
E L C S V N U V E M O C I J E
W F I O Y O P T P R O B L E M
L A O N R V V S J Y A F B J S
D Y N R I I U U I E L Z P E U
P J S A T Č Z K K J C N T D T
R M E V A L K S L N V A E I S
O I J T A B D I J A Ć E J S O
C S V S I A M Y G Š K F Y I N
J L S S B N U V B A Y K V F B
E I E B Đ T J T T N T V D Z O
N S N L J H A S J O A I C S S
A D H S U K O B T P E E E G O
T E R A P I J A A V P J L W C
P E R C E P C I J A O F I W P
```

KLINIČKI	NESVJESNO
SPOZNAJA	UTJECAJI
PONAŠANJE	MISLI
SUKOB	PERCEPCIJA
EGO	OSOBNOST
DJETINJSTVO	PROBLEM
ISKUSTVA	STVARNOST
EMOCIJE	SNOVI
PROCJENA	OSJEĆAJ
IDEJE	TERAPIJA

97 - Nature

```
L E D E N J A K I T K R A D T
D I N A M I Č A N T R L D I R
S V E T I Š T E U Đ M M H V O
V U W J E B Đ U M D A B V L P
N S R K I P Y N O L G Š P J S
L S P O K O J A N D L C U I K
P I V R E S S E R T A Y P M I
M K Š Ž I V O T I N J E Č Z A
M Z H Ć S U Y Š M R N O E R J
I J C U E A B I O B I B L R W
E R O Z I J A N B I T J E T O
L J E P O T A O L T S U E I T
T M I P E A B L A A U B H K V
B T S M K V O K C N P M W V A
F W S G E Z U S I F K O U W N
```

PČELE	RIJEKA
SKLONIŠTE	ŠUMA
ŽIVOTINJE	LEDENJAK
ARKTIK	OBLACI
LJEPOTA	MIRNO
MAGLA	SVETIŠTE
PUSTINJA	DIVLJI
DINAMIČAN	SPOKOJAN
EROZIJA	TROPSKI
LIŠĆE	BITAN

98 - Chimie

```
J  E  W  N  A  R  M  C  A  Đ  H  O  N  S  T
A  L  V  U  N  G  L  M  T  T  U  F  V  U  E
N  E  E  K  I  S  I  K  O  I  O  W  W  C  Ž
E  M  M  L  Ć  I  D  E  P  K  M  M  T  P  I
Y  E  E  E  U  B  Z  V  L  A  U  J  S  K  N
F  N  T  A  K  L  O  R  I  S  I  D  E  K  A
T  T  A  R  E  O  G  A  N  C  O  N  L  I  I
P  I  L  N  T  C  D  L  A  S  T  L  E  J  H
E  L  I  I  L  S  A  U  J  E  P  U  K  L  I
N  Z  I  I  Y  W  H  K  I  D  O  V  T  G  G
Z  A  G  N  K  I  S  E  L  I  N  A  R  U  G
I  R  O  T  A  Z  I  L  A  T  A  K  O  F  R
M  S  I  H  Y  O  C  O  I  O  N  L  N  C  S
J  G  R  A  Y  L  P  M  O  Z  F  E  P  F  Đ
T  E  M  P  E  R  A  T  U  R  A  W  A  F  V
```

KISELINA	VODIK
ATOMSKI	ION
UGLJIK	TEKUĆINA
KATALIZATOR	METALI
TOPLINA	MOLEKULA
KLOR	NUKLEARNI
ENZIM	KISIK
ELEKTRON	TEŽINA
ELEMENTI	SOL
PLIN	TEMPERATURA

99 - Bateaux

```
J  E  D  R  I  L  I  C  A  Đ  Đ  U  T  L  K
Đ  R  T  U  I  T  P  O  M  O  R  S  K  I  A
C  O  C  M  V  T  R  N  W  F  A  S  T  O  N
I  M  M  G  Đ  F  H  A  K  E  J  I  R  S  U
I  L  O  B  R  A  J  E  J  W  I  O  I  W  G
Y  S  R  J  Y  I  Đ  C  A  E  O  W  J  D  O
W  I  N  A  B  T  O  O  V  O  K  A  J  A  K
P  A  A  H  J  U  T  T  A  A  S  T  Y  K  S
O  U  R  T  E  Ž  V  G  C  Z  L  R  W  F  N
U  Y  L  A  Z  E  T  O  S  C  M  O  F  W  D
Z  P  D  U  E  K  D  C  I  C  I  T  V  H  E
W  A  L  Y  R  K  G  A  D  A  S  O  P  I  U
E  Z  H  I  O  U  B  A  R  R  S  M  S  S  F
O  Z  O  U  M  M  M  M  O  M  G  J  Z  B  Z
S  P  L  A  V  A  P  L  U  T  A  Č  A  A  G
```

SIDRO	MORNAR
PLUTAČA	JARBOL
KANU	MORE
UŽE	MOTOR
POSADA	POMORSKI
TRAJEKT	OCEAN
RIJEKA	SPLAV
KAJAK	VALOVI
JEZERO	JEDRILICA
PLIMA	JAHTA

100 - Mesures

```
A  G  Đ  N  T  S  T  U  P  A  N  J  M  V  D
G  Z  I  R  C  O  W  F  K  T  G  L  A  A  E
Đ  T  J  A  B  E  N  C  E  U  D  V  S  S  C
B  E  P  T  V  Z  N  A  C  N  U  E  A  D  I
H  Ž  T  E  P  S  N  T  V  I  S  I  N  A  M
D  I  K  M  M  K  V  V  I  M  Z  Y  E  Z  A
Č  N  I  O  G  T  K  S  P  M  N  I  D  Z  L
M  A  Đ  L  Z  J  N  H  D  L  E  R  V  F  A
B  N  U  I  M  A  R  G  D  I  M  T  Z  D  E
P  I  L  K  O  E  W  F  F  T  U  Z  A  D  F
L  Ž  W  O  I  J  T  I  B  R  L  V  P  R  K
D  U  B  I  N  A  P  A  J  A  O  N  H  B  R
Z  D  A  A  J  F  T  C  R  J  V  L  Đ  U  C
F  Š  I  R  I  N  A  A  G  I  T  Z  D  C  R
K  I  L  O  G  R  A  M  S  F  L  A  G  O  D
```

CENTIMETAR	MASA
STUPANJ	METAR
DECIMALA	MINUTA
GRAM	BAJT
VISINA	UNCA
KILOGRAM	TEŽINA
KILOMETAR	INČ
ŠIRINA	DUBINA
LITRA	TONA
DUŽINA	VOLUMEN

1 - Adjectifs #2

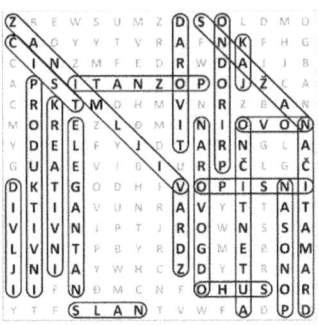

2 - Formes

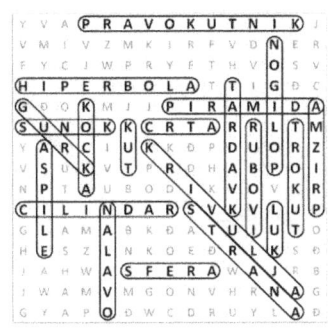

3 - Force et Gravité

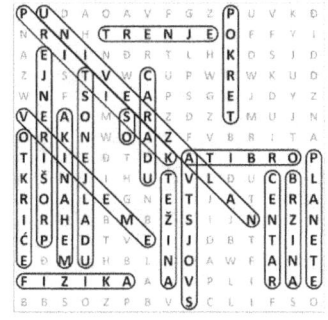

4 - Adjectifs #1

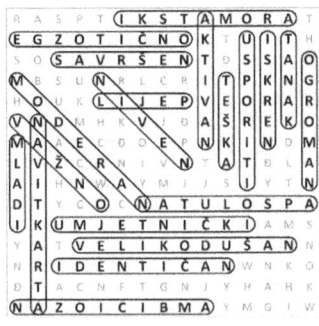

5 - Instruments de Musique

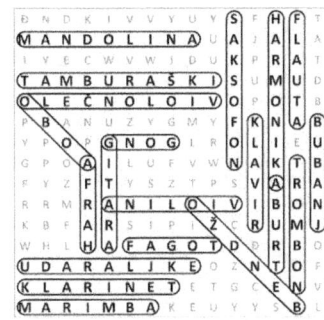

6 - Échecs

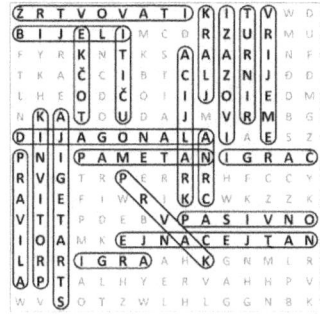

7 - Herboristerie

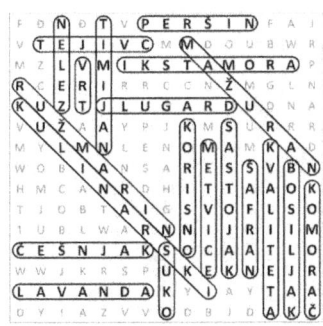

8 - Photographie

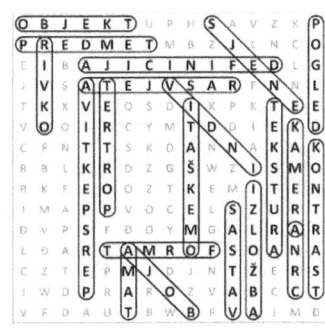

9 - Véhicules

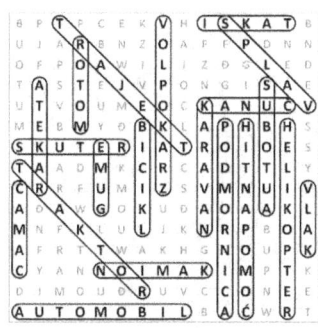

10 - Camping

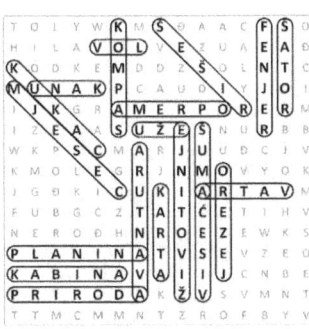

11 - Écologie

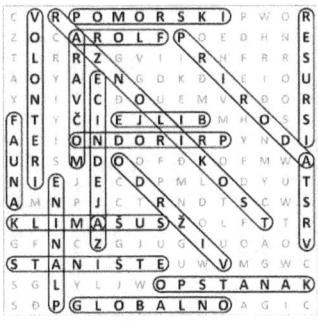

12 - Géométrie

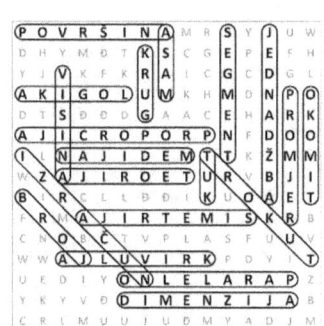

13 - Les Médias

14 - Diplomatie

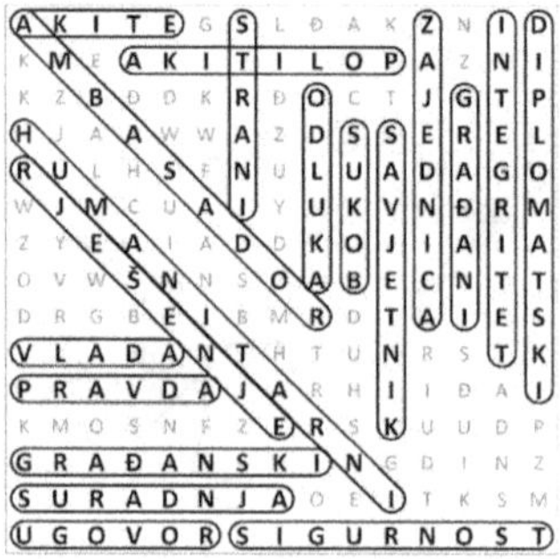

15 - Électricité

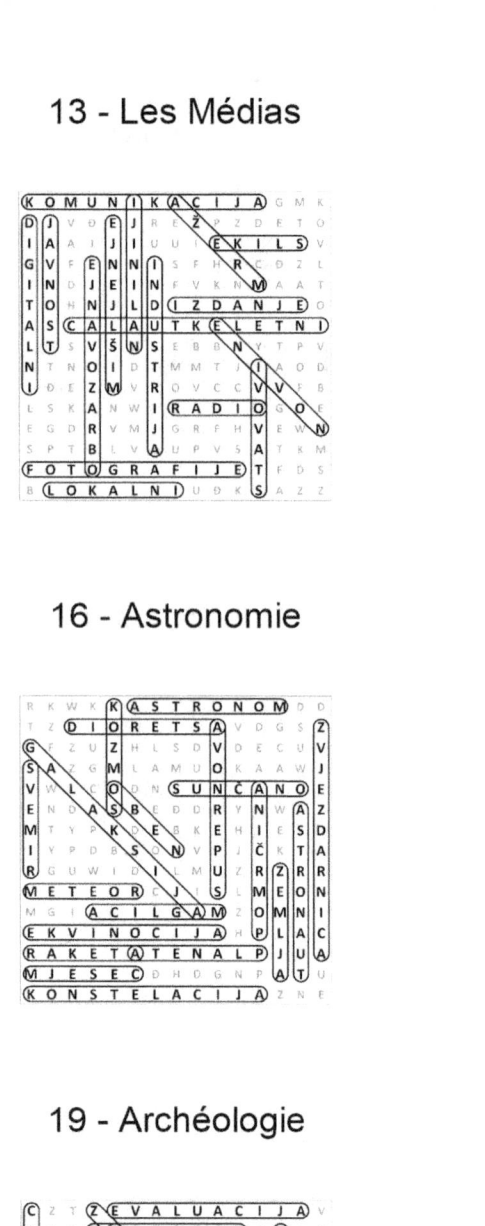

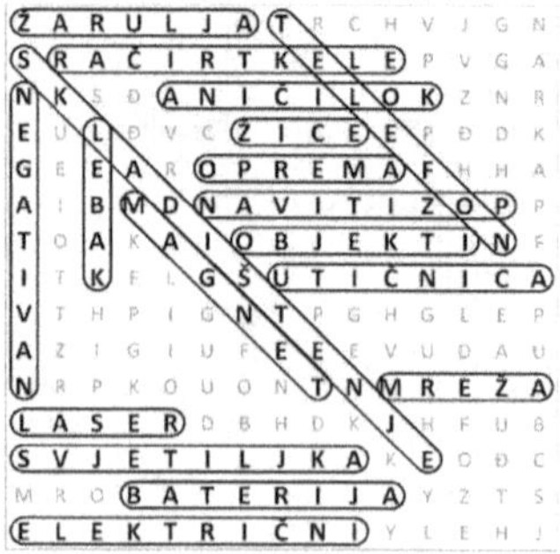

16 - Astronomie

17 - Physique

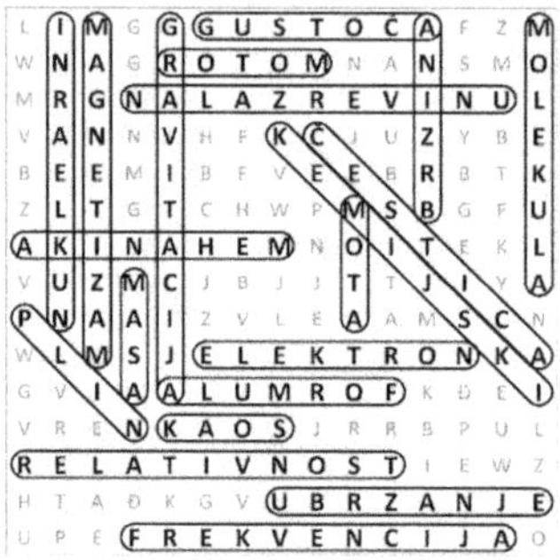

18 - Types de Cheveux

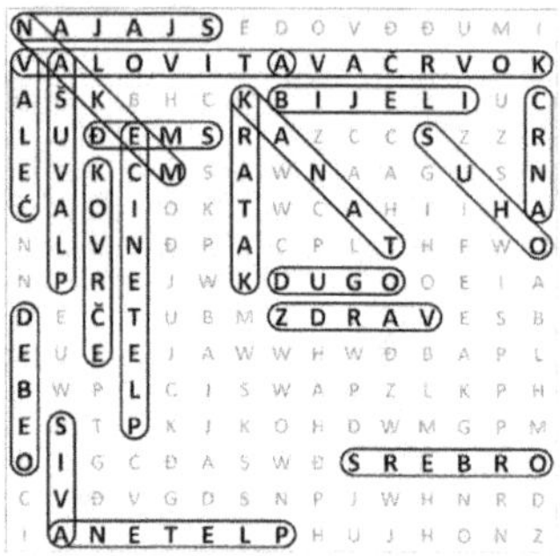

19 - Archéologie

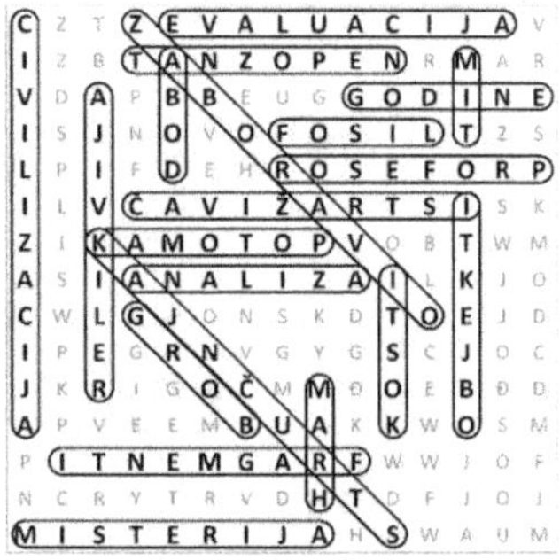

20 - Mammifères

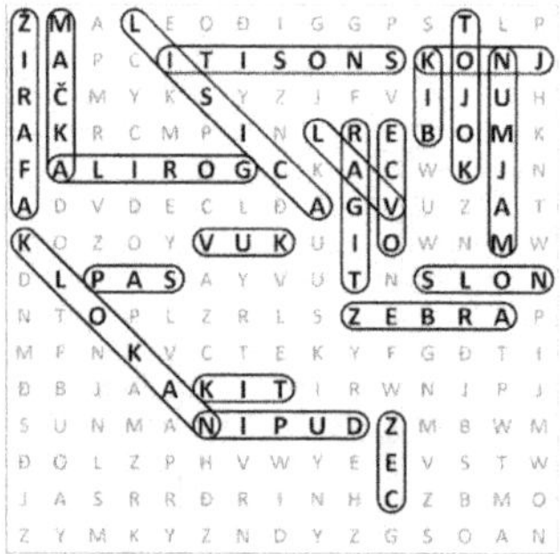

21 - Chocolat

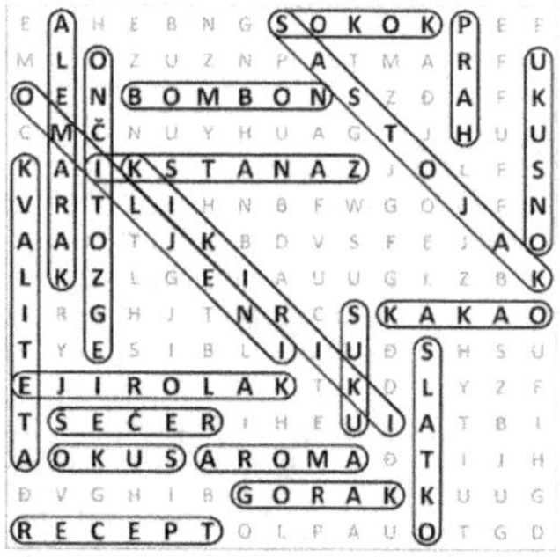

22 - Mathématiques

23 - Sport

24 - Mythologie

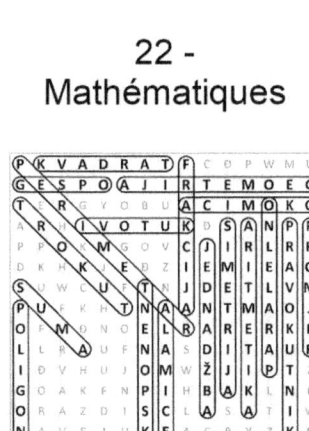
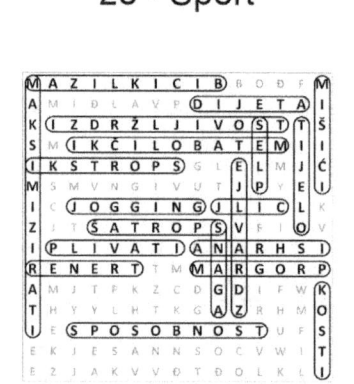
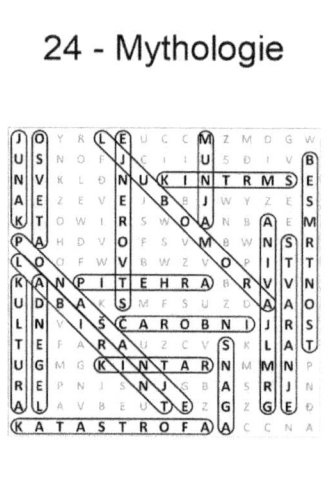

25 - Restaurant #2

26 - Beauté

27 - Avions

28 - Aventure

29 - Ville

30 - Ingénierie

31 - Énergie

32 - Corps Humain

33 - Biologie

34 - Épices

35 - Agronomie

36 - Science

37 - Vêtements

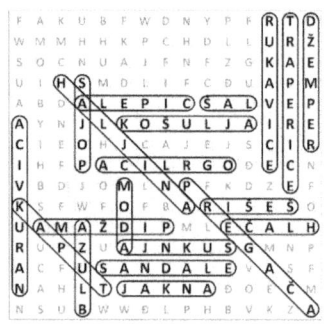

38 - Méditation

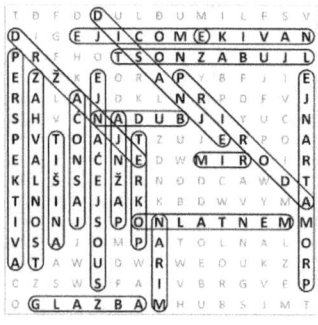

39 - Littérature

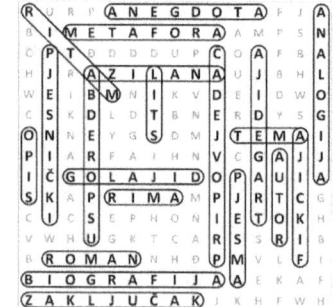

40 - Nourriture #1

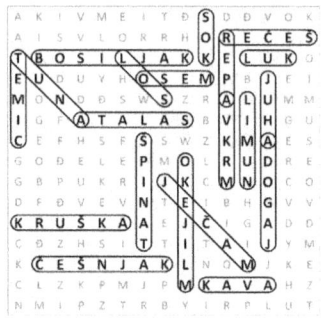

41 - Jours et Mois

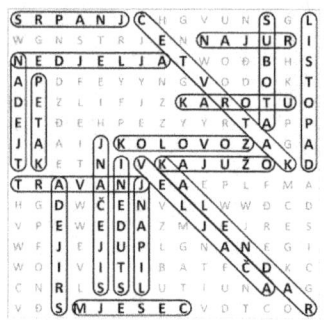

42 - Jardinage

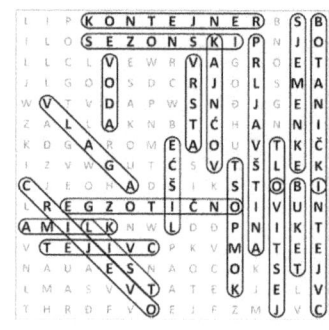

43 - Entreprise

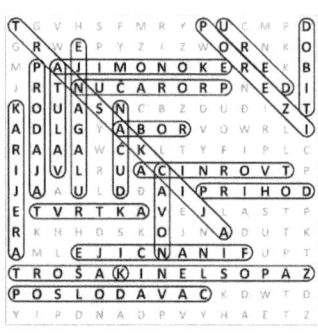

44 - Activités

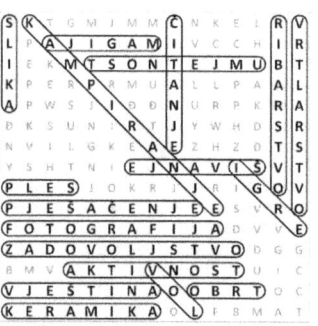

45 - Fleurs

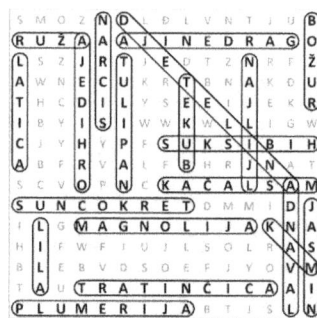

46 - Nourriture #2

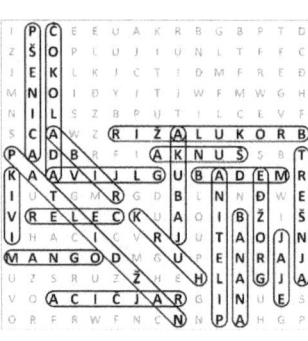

47 - Algèbre

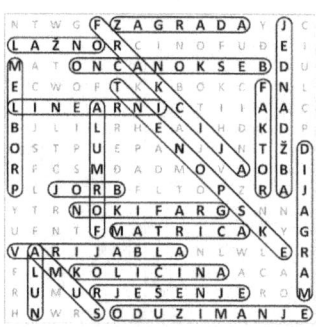

48 - Océan

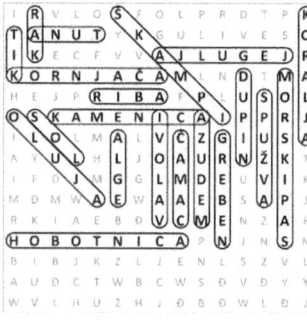

49 - Antiquités

50 - Réchauffement Cli

51 - Ballet

52 - Fruit

53 - Musique

54 - Météo

55 - L'Entreprise

56 - Gouvernement

57 - Randonnée

58 - Nutrition

59 - Créativité

60 - Science Fiction

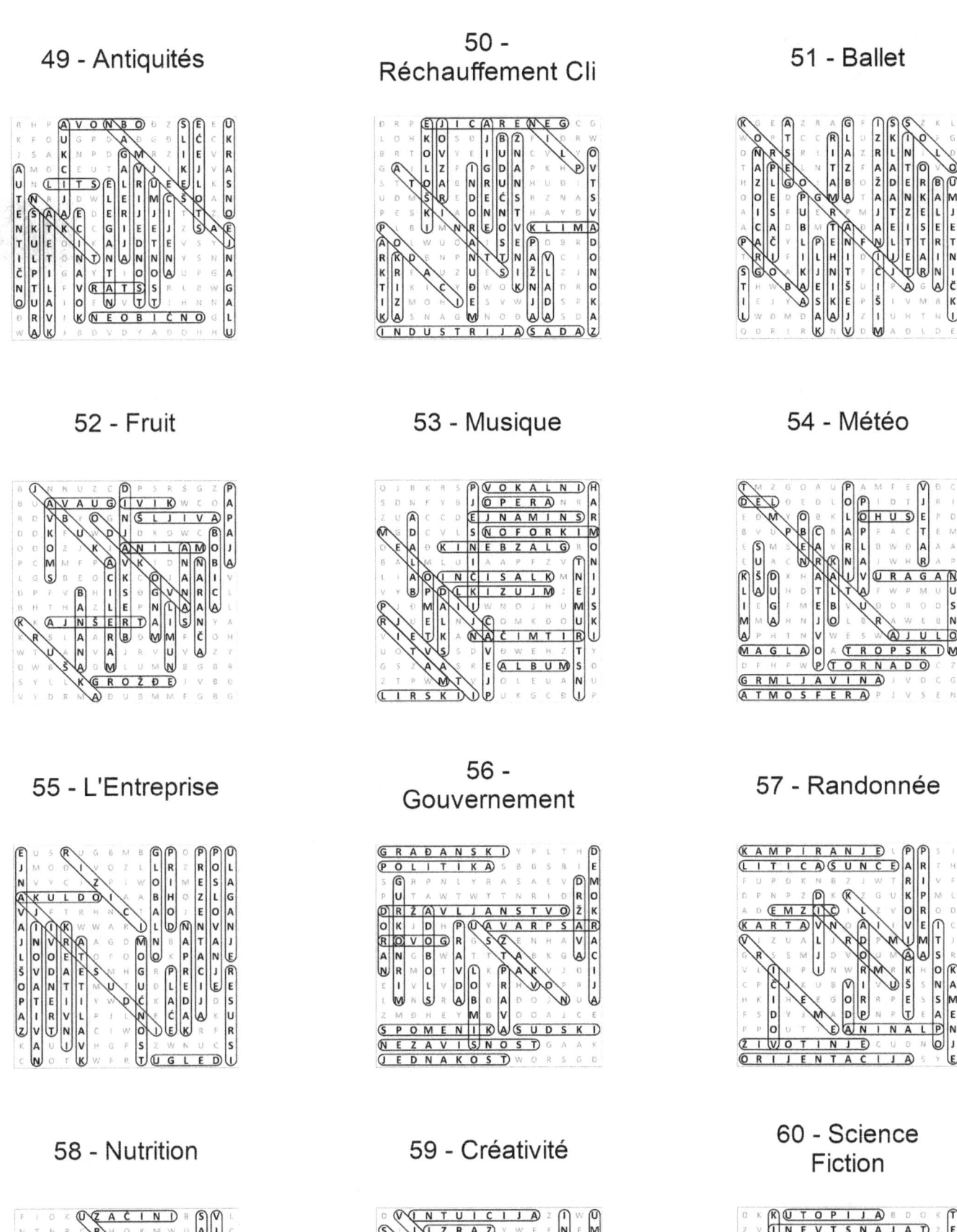

61 - Professions #1

62 - Géologie

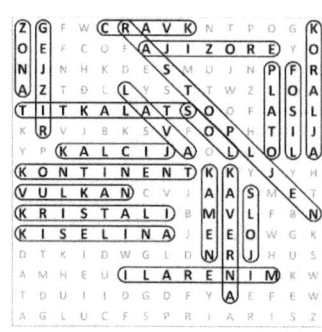

63 - Jardin

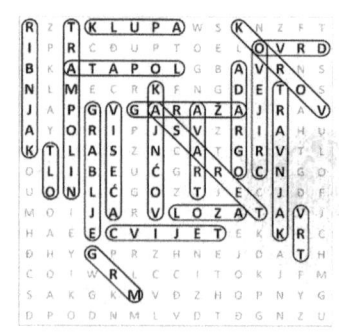

64 - Santé et Bien Être #1

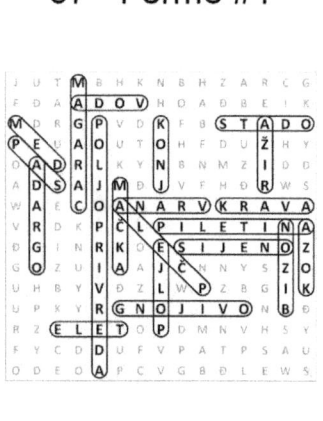

65 - Barbecues

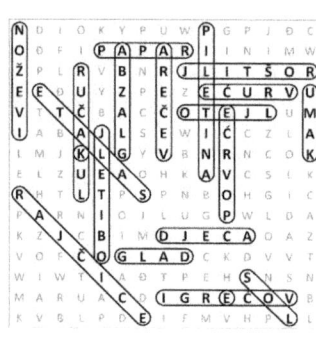

66 - Forêt Tropicale

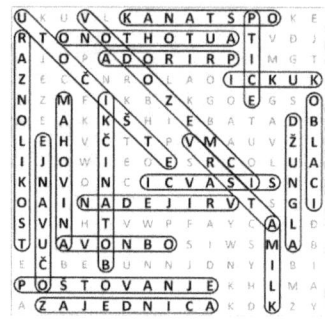

67 - Ferme #1

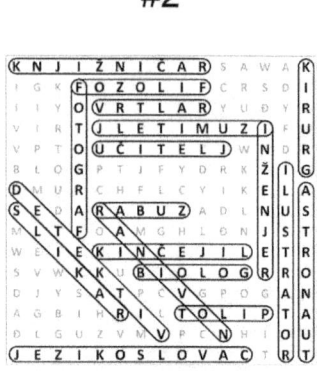

68 - Café

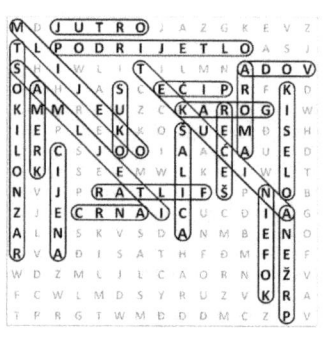

69 - Antarctique

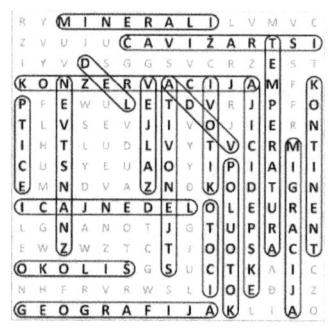

70 - Professions #2

71 - Les Abeilles

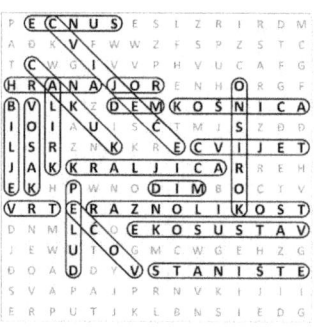

72 - Santé et Bien Être #2

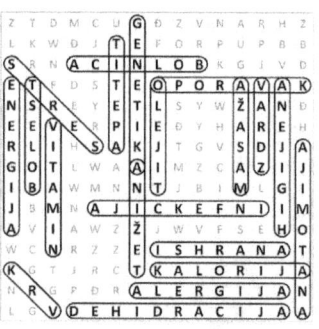

73 - Conduite

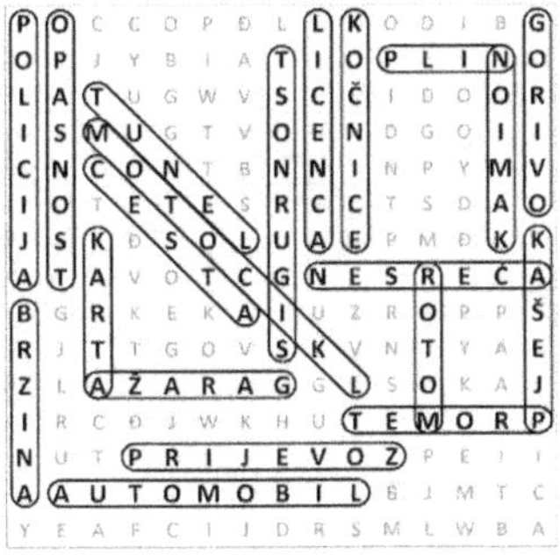

74 - Plantes

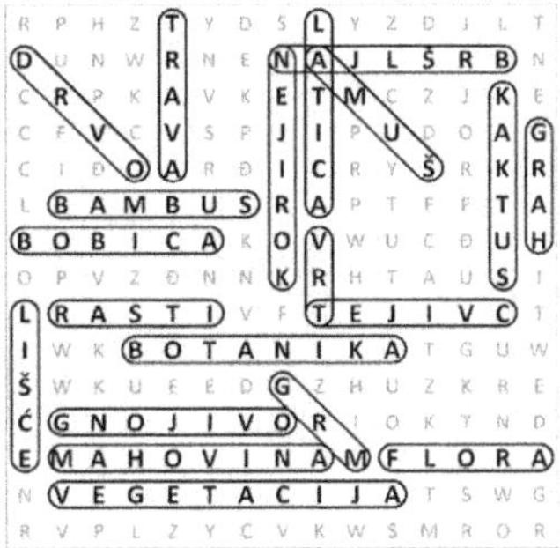

75 - Ferme #2

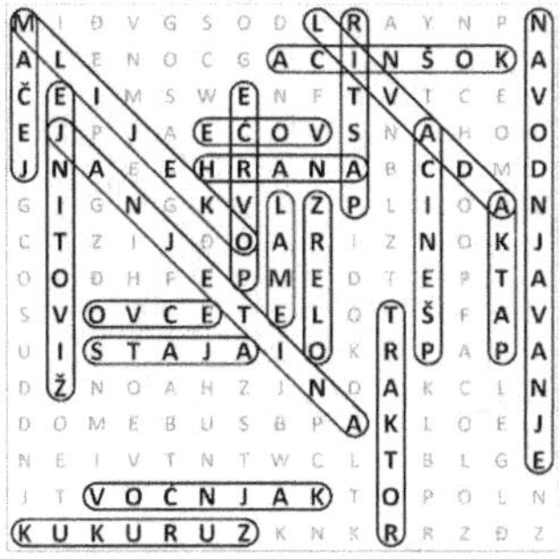

76 - Vacances #2

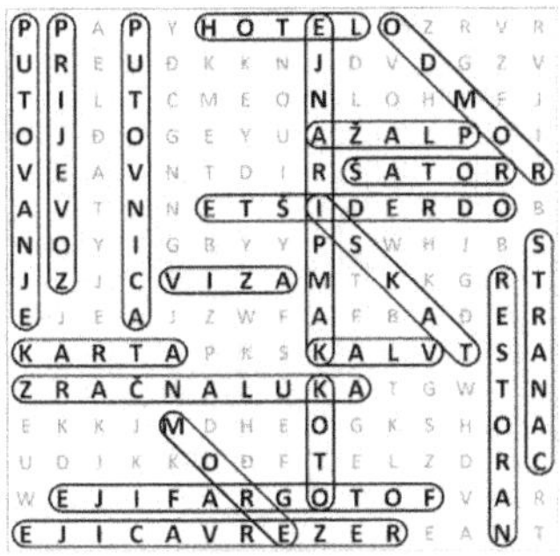

77 - Temps

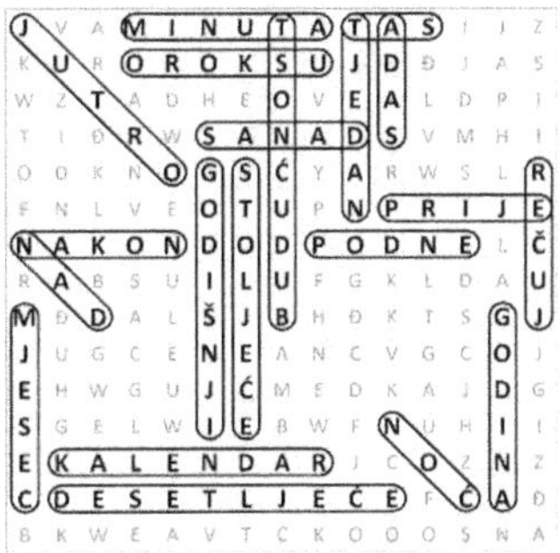

78 - Immigration

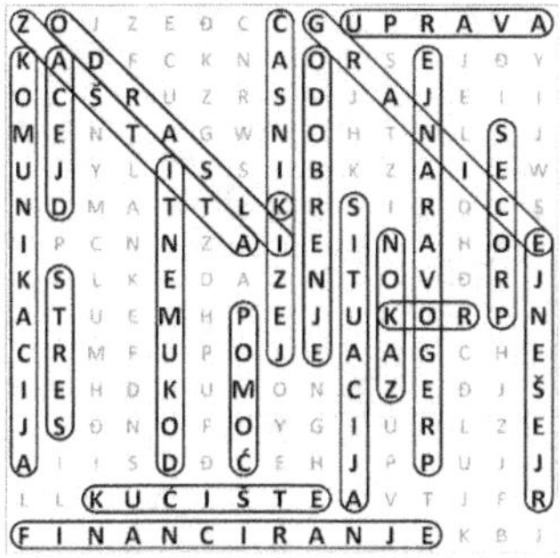

79 - Maison

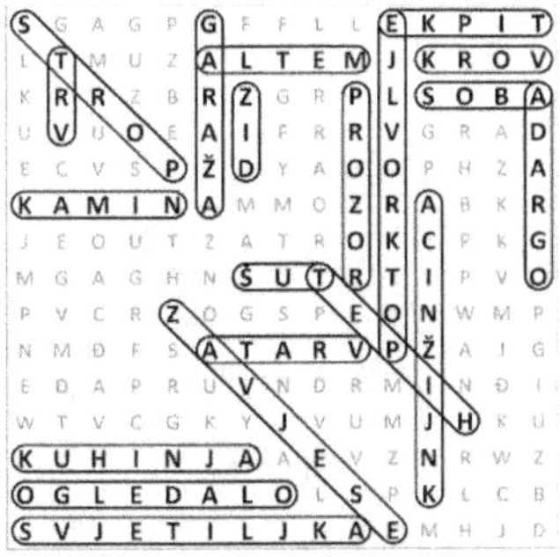

80 - Légumes

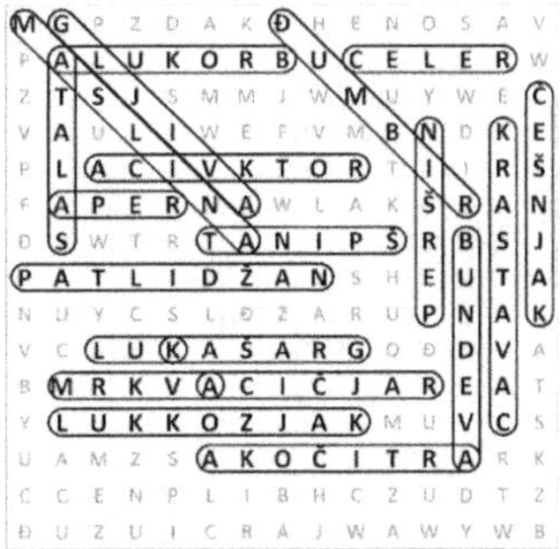

81 - Famille

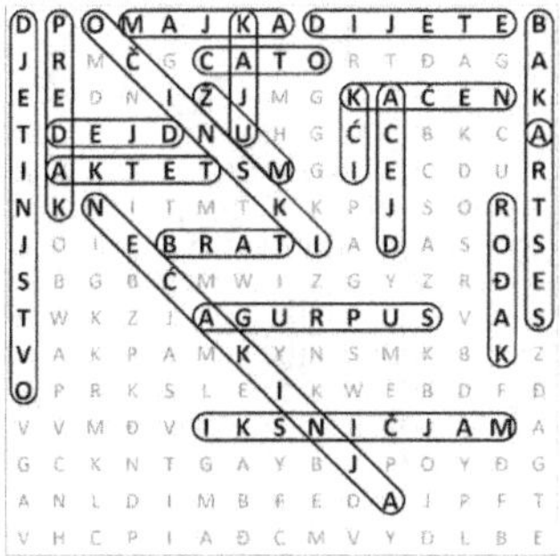

82 - Oiseaux

83 - Disciplines Scientifiques

84 - Maladie

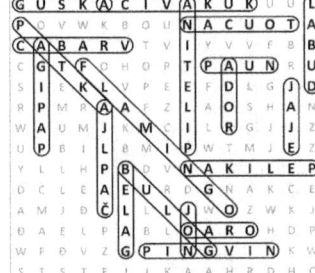

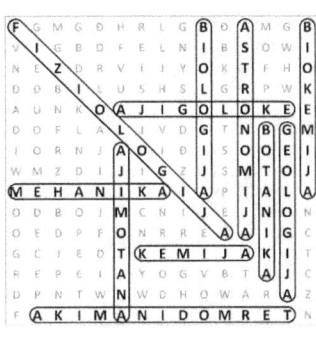

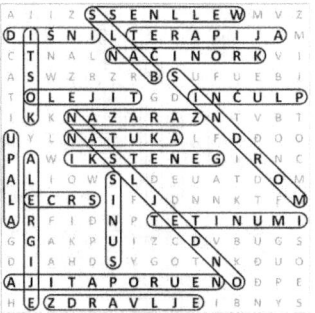

85 - Univers

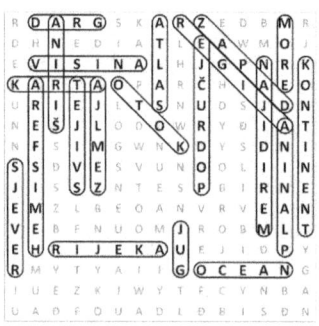

86 - Géographie

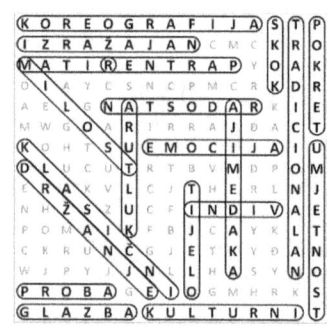

87 - Danse

88 - Bâtiments

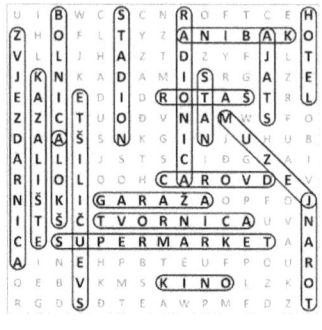

89 - Activités et Loisirs

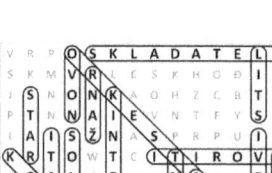
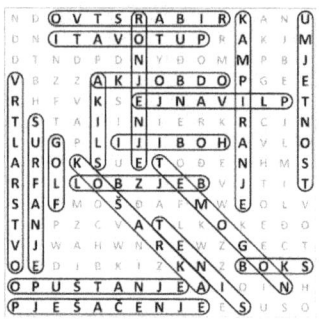

90 - Livres

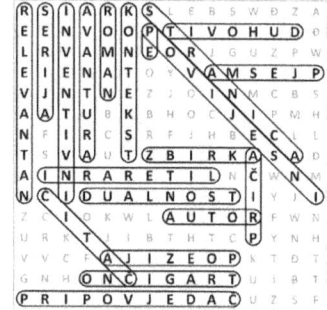

91 - Pays #2

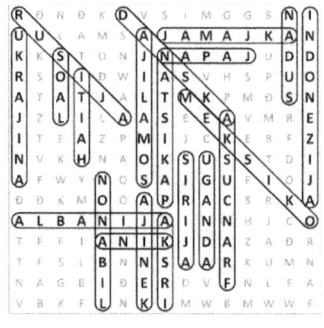

92 - Jazz

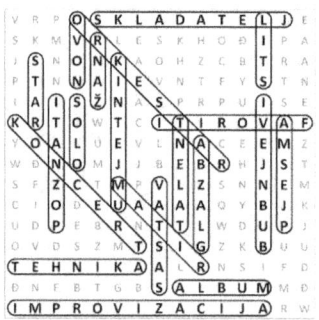

93 - Paysages

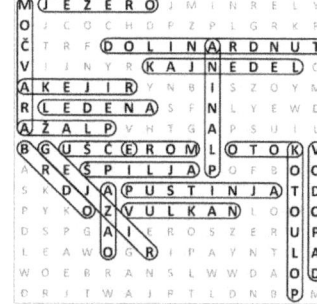

94 - Pays #1

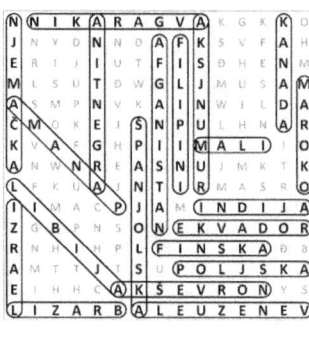

95 - Nombres

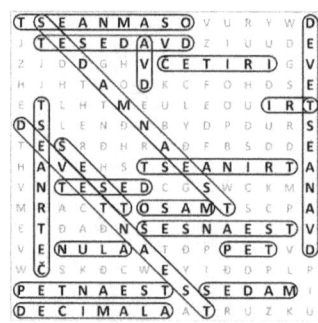

96 - Psychologie

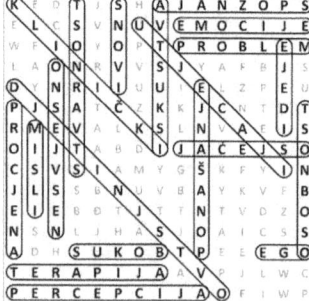

97 - Nature

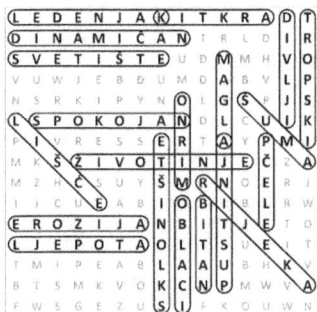

98 - Chimie

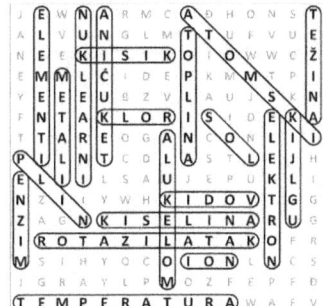

99 - Bateaux

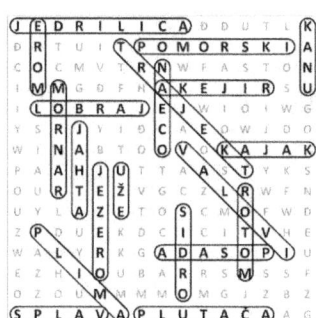

100 - Mesures

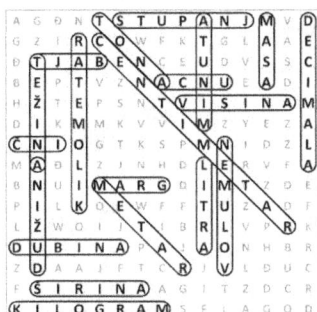

Dictionnaire

Activités
Aktivnosti

Activité	Aktivnost
Art	Umjetnost
Artisanat	Obrt
Camping	Kampiranje
Céramique	Keramika
Chasse	Lov
Compétence	Vještina
Couture	Šivanje
Danse	Ples
Intérêts	Interesi
Jardinage	Vrtlarstvo
Jeux	Igre
Lecture	Čitanje
Magie	Magija
Peinture	Slika
Pêche	Ribarstvo
Photographie	Fotografija
Plaisir	Zadovoljstvo
Randonnée	Pješačenje
Relaxation	Opuštanje

Activités et Loisirs
Zabava i Slobodno Vrijeme

Art	Umjetnost
Base-Ball	Bejzbol
Basket-Ball	Košarka
Boxe	Boks
Camping	Kampiranje
Football	Nogomet
Golf	Golf
Jardinage	Vrtlarstvo
Nager	Plivanje
Passe-Temps	Hobiji
Peinture	Slika
Pêche	Ribarstvo
Plongée	Ronjenje
Randonnée	Pješačenje
Relaxant	Opuštanje
Surf	Surfanje
Tennis	Tenis
Volley-Ball	Odbojka
Voyage	Putovati

Adjectifs #1
Pridjevi № 1

Absolu	Apsolutan
Actif	Aktivan
Ambitieux	Ambiciozan
Aromatique	Aromatski
Artistique	Umjetnički
Attractif	Atraktivan
Beau	Lijep
Exotique	Egzotično
Énorme	Ogroman
Généreux	Velikodušan
Honnête	Iskren
Identique	Identičan
Important	Važno
Innocent	Nevin
Jeune	Mladi
Lent	Usporiti
Lourd	Teška
Mince	Tanak
Moderne	Moderan
Parfait	Savršen

Adjectifs #2
Pridjevi № 2

Authentique	Autentično
Célèbre	Poznati
Créatif	Kreativni
Descriptif	Opisni
Doué	Darovit
Dramatique	Dramatičan
Élégant	Elegantan
Fier	Ponosan
Fort	Jak
Intéressant	Zanimljiv
Naturel	Prirodno
Nouveau	Novo
Productif	Produktivni
Puissant	Snažan
Pur	Čist
Responsable	Odgovoran
Sain	Zdrav
Salé	Slan
Sauvage	Divlji
Sec	Suho

Agronomie
Agronomija

Agriculture	Poljoprivreda
Croissance	Rast
Eau	Voda
Engrais	Gnojivo
Environnement	Okoliš
Écologie	Ekologija
Énergie	Energija
Érosion	Erozija
Étude	Studija
Graines	Sjemenke
Légumes	Povrće
Maladies	Bolesti
Nourriture	Hrana
Pollution	Zagađenje
Production	Proizvodnja
Recherche	Istraživanje
Rural	Seosko
Science	Znanost
Sol	Tlo
Systèmes	Sustavi

Algèbre
Algebra

Diagramme	Dijagram
Exposant	Eksponent
Équation	Jednadžba
Facteur	Faktor
Faux	Lažno
Formule	Formula
Fraction	Frakcija
Graphique	Grafikon
Infini	Beskonačno
Linéaire	Linearni
Matrice	Matrica
Nombre	Broj
Parenthèse	Zagrada
Problème	Problem
Quantité	Količina
Solution	Rješenje
Somme	Suma
Soustraction	Oduzimanje
Variable	Varijabla
Zéro	Nula

Antarctique
Antarktika

Baie	Zaljev
Baleines	Kitovi
Chercheur	Istraživač
Conservation	Konzervacija
Continent	Kontinent
Eau	Voda
Environnement	Okoliš
Expédition	Ekspedicija
Géographie	Geografija
Glace	Led
Glaciers	Ledenjaci
Îles	Otoci
Migration	Migracija
Minéraux	Minerali
Oiseaux	Ptice
Péninsule	Poluotok
Rocheux	Stjenovita
Scientifique	Znanstven
Température	Temperatura
Topographie	Topografija

Antiquités
Antikviteti

Art	Umjetnost
Authentique	Autentično
Bijoux	Nakit
Décoratif	Ukrasno
Enchères	Aukcija
Élégant	Elegantan
Galerie	Galerija
Inhabituel	Neobično
Investissement	Ulaganje
Meubles	Namještaj
Peintures	Slike
Pièces	Kovanice
Prix	Cijena
Qualité	Kvaliteta
Restauration	Obnova
Sculpture	Skulptura
Siècle	Stoljeće
Style	Stil
Valeur	Vrijednost
Vieux	Star

Archéologie
Arheologija

Analyse	Analiza
Années	Godine
Chercheur	Istraživač
Civilisation	Civilizacija
Descendant	Potomak
Expert	Stručnjak
Ère	Doba
Équipe	Tim
Évaluation	Evaluacija
Fossile	Fosil
Fragments	Fragmenti
Inconnu	Nepoznat
Mystère	Misterija
Objets	Objekti
Os	Kosti
Oublié	Zaboravio
Professeur	Profesor
Relique	Relikvija
Temple	Hram
Tombe	Grob

Astronomie
Astronomija

Astéroïde	Asteroid
Astronaute	Astronaut
Astronome	Astronom
Ciel	Nebo
Constellation	Konstelacija
Cosmos	Kozmos
Éclipse	Pomrčina
Équinoxe	Ekvinocija
Fusée	Raketa
Galaxie	Galaksija
Lune	Mjesec
Météore	Meteor
Nébuleuse	Maglica
Observatoire	Zvjezdarnica
Planète	Planeta
Radiation	Zračenje
Solaire	Sunčano
Supernova	Supernova
Terre	Zemlja
Univers	Svemir

Aventure
Avantura

Activité	Aktivnost
Beauté	Ljepota
Bravoure	Hrabrost
Chance	Prilika
Dangereux	Opasno
Destination	Odredište
Défis	Izazovi
Difficulté	Teškoća
Enthousiasme	Entuzijazam
Excursion	Izlet
Inhabituel	Neobično
Itinéraire	Itinerar
Joie	Radost
Nature	Priroda
Navigation	Navigacija
Nouveau	Novo
Préparation	Priprema
Sécurité	Sigurnost
Surprenant	Iznenađujući
Voyages	Putovanja

Avions
Zrakoplovi

Air	Zrak
Atmosphère	Atmosfera
Atterrissage	Slijetanje
Aventure	Avantura
Ballon	Balon
Carburant	Gorivo
Ciel	Nebo
Construction	Izgradnja
Descente	Silazak
Direction	Smjer
Équipage	Posada
Gonfler	Napuhati
Hauteur	Visina
Hélices	Propeleri
Histoire	Povijest
Hydrogène	Vodik
Moteur	Motor
Passager	Putnik
Pilote	Pilot
Turbulence	Turbulencija

Ballet
Balet

Applaudissement	Pljesak
Artistique	Umjetnički
Ballerine	Balerina
Chorégraphie	Koreografija
Compétence	Vještina
Compositeur	Skladatelj
Danseurs	Plesači
Expressif	Izražajan
Geste	Gesta
Gracieux	Graciozan
Intensité	Intenzitet
Muscles	Mišići
Musique	Glazba
Orchestre	Orkestar
Public	Publika
Répétition	Proba
Rythme	Ritam
Solo	Solo
Style	Stil
Technique	Tehnika

Barbecues
Roštilji

Chaud	Vruće
Couteaux	Noževi
Déjeuner	Ručak
Dîner	Večera
Enfants	Djeca
Été	Ljeto
Faim	Glad
Famille	Obitelj
Fruit	Voće
Gril	Roštilj
Jeux	Igre
Légumes	Povrće
Musique	Glazba
Oignons	Luk
Poivre	Papar
Poulet	Piletina
Salades	Salate
Sauce	Umak
Sel	Sol
Tomates	Rajčice

Bateaux
Brodovi

Ancre	Sidro
Bouée	Plutača
Canoë	Kanu
Corde	Uže
Équipage	Posada
Ferry	Trajekt
Fleuve	Rijeka
Kayak	Kajak
Lac	Jezero
Marée	Plima
Marin	Mornar
Mât	Jarbol
Mer	More
Moteur	Motor
Nautique	Pomorski
Océan	Ocean
Radeau	Splav
Vagues	Valovi
Voilier	Jedrilica
Yacht	Jahta

Bâtiments
Građevine

Appartement	Stan
Atelier	Radionica
Cabine	Kabina
Château	Dvorac
Cinéma	Kino
École	Škola
Garage	Garaža
Grange	Staja
Hôpital	Bolnica
Hôtel	Hotel
Laboratoire	Laboratorij
Musée	Muzej
Observatoire	Zvjezdarnica
Stade	Stadion
Supermarché	Supermarket
Tente	Šator
Théâtre	Kazalište
Tour	Toranj
Université	Sveučilište
Usine	Tvornica

Beauté
Ljepota

Boucles	Kovrče
Charme	Šarm
Ciseaux	Škare
Cosmétique	Kozmetika
Couleur	Boja
Élégance	Elegancija
Élégant	Elegantan
Grâce	Milost
Huiles	Ulja
Maquillage	Šminka
Mascara	Maskara
Miroir	Ogledalo
Parfum	Miris
Peau	Koža
Photogénique	Fotogeničan
Produits	Proizvodi
Rouge à Lèvres	Ruž
Services	Usluge
Shampooing	Šampon
Styliste	Stilist

Biologie
Biologija

Anatomie	Anatomija
Bactéries	Bakterije
Cellule	Ćelija
Chromosome	Kromosom
Collagène	Kolagena
Embryon	Embrija
Enzyme	Enzim
Évolution	Evolucija
Hormone	Hormon
Mammifère	Sisavac
Mutation	Mutacija
Naturel	Prirodno
Nerf	Živac
Neurone	Neuron
Osmose	Osmoza
Photosynthèse	Fotosinteza
Protéine	Bjelančevina
Reptile	Gmaz
Symbiose	Simbioza
Synapse	Sinapsa

Café
Kava

Acide	Kiselo
Amer	Gorak
Arôme	Aroma
Boisson	Piće
Caféine	Kofein
Crème	Krema
Eau	Voda
Filtre	Filtar
Lait	Mlijeko
Liquide	Tekućina
Matin	Jutro
Moudre	Samljeti
Noir	Crna
Origine	Podrijetlo
Prix	Cijena
Rôti	Pržena
Saveur	Okus
Sucre	Šećer
Tasse	Šalica
Variété	Raznolikost

Camping
Kampiranje

Animaux	Životinje
Aventure	Avantura
Boussole	Kompas
Cabine	Kabina
Canoë	Kanu
Carte	Karta
Chapeau	Šešir
Chasse	Lov
Corde	Uže
Équipement	Oprema
Feu	Vatra
Forêt	Šuma
Hamac	Viseća
Insecte	Kukac
Lac	Jezero
Lanterne	Fenjer
Lune	Mjesec
Montagne	Planina
Nature	Priroda
Tente	Šator

Chimie
Kemija

Acide	Kiselina
Atomique	Atomski
Carbone	Ugljik
Catalyseur	Katalizator
Chaleur	Toplina
Chlore	Klor
Enzyme	Enzim
Électron	Elektron
Éléments	Elementi
Gaz	Plin
Hydrogène	Vodik
Ion	Ion
Liquide	Tekućina
Métaux	Metali
Molécule	Molekula
Nucléaire	Nuklearni
Oxygène	Kisik
Poids	Težina
Sel	Sol
Température	Temperatura

Chocolat
Čokolada

Amer	Gorak
Arôme	Aroma
Artisanal	Zanatski
Bonbon	Bombon
Cacahuètes	Kikiriki
Cacao	Kakao
Calories	Kalorije
Caramel	Karamela
Délicieux	Ukusno
Doux	Slatko
Exotique	Egzotično
Favori	Omiljeni
Goût	Ukus
Ingrédient	Sastojak
Noix de Coco	Kokos
Poudre	Prah
Qualité	Kvaliteta
Recette	Recept
Saveur	Okus
Sucre	Šećer

Conduite
Vožnja

Accident	Nesreća
Camion	Kamion
Carburant	Gorivo
Carte	Karta
Danger	Opasnost
Freins	Kočnice
Garage	Garaža
Gaz	Plin
Licence	Licenca
Moteur	Motor
Moto	Motocikl
Piéton	Pješak
Police	Policija
Route	Cesta
Sécurité	Sigurnost
Trafic	Promet
Transport	Prijevoz
Tunnel	Tunel
Vitesse	Brzina
Voiture	Automobil

Corps Humain
Ljudsko Tijelo

Bouche	Usta
Cerveau	Mozak
Cheville	Gležanj
Cou	Vrat
Coude	Lakat
Cœur	Srce
Doigt	Prst
Estomac	Želudac
Épaule	Rame
Genou	Koljeno
Lèvres	Usne
Main	Ruka
Mâchoire	Čeljust
Menton	Brada
Nez	Nos
Oreille	Uho
Peau	Koža
Sang	Krv
Tête	Glava
Visage	Lice

Créativité
Kreativnost

Artistique	Umjetnički
Authenticité	Autentičnost
Clarté	Jasnoća
Compétence	Vještina
Dramatique	Dramatičan
Expression	Izraz
Émotions	Emocije
Fluidité	Fluidnost
Idées	Ideje
Image	Slika
Imagination	Mašta
Impression	Dojam
Inspiration	Inspiracija
Intensité	Intenzitet
Intuition	Intuicija
Inventif	Inventivni
Sensation	Osjećaj
Spontané	Spontano
Visions	Vizije
Vitalité	Vitalnost

Danse
Ples

Académie	Akademija
Art	Umjetnost
Chorégraphie	Koreografija
Classique	Klasični
Corps	Tijelo
Culture	Kultura
Culturel	Kulturni
Expressif	Izražajan
Émotion	Emocija
Grâce	Milost
Joyeux	Radostan
Mouvement	Pokret
Musique	Glazba
Partenaire	Partner
Posture	Držanje
Répétition	Proba
Rythme	Ritam
Saut	Skok
Traditionnel	Tradicionalan
Visuel	Vidni

Diplomatie
Diplomacija

Ambassadeur	Ambasador
Citoyens	Građani
Civique	Građanski
Communauté	Zajednica
Conflit	Sukob
Conseiller	Savjetnik
Coopération	Suradnja
Diplomatique	Diplomatski
Discussion	Rasprava
Éthique	Etika
Étranger	Strani
Gouvernement	Vlada
Humanitaire	Humanitarni
Intégrité	Integritet
Justice	Pravda
Politique	Politika
Résolution	Odluka
Sécurité	Sigurnost
Solution	Rješenje
Traité	Ugovor

Disciplines Scientifiques
Znanstvene Discipline

Anatomie	Anatomija
Archéologie	Arheologija
Astronomie	Astronomija
Biochimie	Biokemija
Biologie	Biologija
Botanique	Botanika
Chimie	Kemija
Écologie	Ekologija
Géologie	Geologija
Immunologie	Imunologija
Linguistique	Lingvistika
Mécanique	Mehanika
Météorologie	Meteorologija
Minéralogie	Mineralogija
Neurologie	Neurologija
Physiologie	Fiziologija
Psychologie	Psihologija
Sociologie	Sociologija
Thermodynamiq ue	Termodinamika
Zoologie	Zoologija

Entreprise
Poslovanje

Argent	Novac
Boutique	Dućan
Budget	Proračun
Bureau	Ured
Carrière	Karijera
Coût	Trošak
Devise	Valuta
Employeur	Poslodavac
Employé	Zaposlenik
Entreprise	Tvrtka
Économie	Ekonomija
Finance	Financije
Impôts	Porezi
Investissement	Ulaganje
Marchandise	Roba
Profit	Dobit
Revenu	Prihod
Transaction	Transakcija
Usine	Tvornica
Vente	Prodaja

Échecs
Šah

Adversaire	Protivnik
Apprendre	Učiti
Blanc	Bijeli
Champion	Prvak
Concours	Natjecanje
Défis	Izazovi
Diagonal	Dijagonala
Intelligent	Pametan
Jeu	Igra
Joueur	Igrač
Noir	Crna
Passif	Pasivno
Points	Točke
Reine	Kraljica
Règles	Pravila
Roi	Kralj
Sacrifice	Žrtvovati
Stratégie	Strategija
Temps	Vrijeme
Tournoi	Turnir

Écologie
Ekologija

Bénévoles	Volonteri
Climat	Klima
Communautés	Zajednice
Diversité	Raznolikost
Durable	Održiv
Espèce	Vrsta
Faune	Fauna
Flore	Flora
Global	Globalno
Habitat	Stanište
Marais	Močvara
Marin	Pomorski
Montagnes	Planine
Nature	Priroda
Naturel	Prirodno
Plantes	Bilje
Ressources	Resursi
Sécheresse	Suša
Survie	Opstanak
Végétation	Vegetacija

Électricité
Struja

Aimant	Magnet
Ampoule	Žarulja
Batterie	Baterija
Câble	Kabel
Électricien	Električar
Électrique	Električni
Équipement	Oprema
Fils	Žice
Générateur	Generator
Lampe	Svjetiljka
Laser	Laser
Négatif	Negativan
Objets	Objekti
Positif	Pozitivan
Prise	Utičnica
Quantité	Količina
Réseau	Mreža
Stockage	Skladištenje
Téléphone	Telefon
Télévision	Televizija

Énergie
Energija

Batterie	Baterija
Carbone	Ugljik
Carburant	Gorivo
Chaleur	Toplina
Diesel	Dizel
Entropie	Entropija
Environnement	Okoliš
Essence	Benzin
Électrique	Električni
Électron	Elektron
Hydrogène	Vodik
Industrie	Industrija
Moteur	Motor
Nucléaire	Nuklearni
Photon	Foton
Pollution	Zagađenje
Renouvelable	Obnovljiv
Soleil	Sunce
Turbine	Turbina
Vent	Vjetar

Épices
Začini

Aigre	Kiselo
Ail	Češnjak
Amer	Gorak
Anis	Anis
Cannelle	Cimet
Cardamome	Kardamom
Coriandre	Korijander
Cumin	Kumin
Curry	Curry
Fenouil	Komorač
Fenugrec	Piskavica
Gingembre	Đumbir
Oignon	Luk
Paprika	Paprika
Poivre	Papar
Réglisse	Slatki
Safran	Šafran
Saveur	Okus
Sel	Sol
Vanille	Vanilija

Famille
Obitelj

Ancêtre	Predak
Cousin	Rođak
Enfance	Djetinjstvo
Enfant	Dijete
Enfants	Djeca
Femme	Supruga
Fille	Kći
Frère	Brat
Grand-Mère	Baka
Grand-Père	Djed
Mari	Muž
Maternel	Majčinski
Mère	Majka
Neveu	Nećak
Nièce	Nećakinja
Oncle	Ujak
Paternel	Očinski
Père	Otac
Soeur	Sestra
Tante	Tetka

Ferme #1
Farma Broj 1

Abeille	Pčela
Agriculture	Poljoprivreda
Âne	Magarac
Bison	Bizon
Champ	Polje
Chat	Mačka
Cheval	Konj
Chèvre	Koza
Chien	Pas
Clôture	Ograda
Corbeau	Vrana
Eau	Voda
Engrais	Gnojivo
Foin	Sijeno
Miel	Med
Poulet	Piletina
Riz	Riža
Troupeau	Stado
Vache	Krava
Veau	Tele

Ferme #2
Farma № 2

Agneau	Janjetina
Animaux	Životinje
Berger	Pastir
Blé	Pšenica
Canard	Patka
Fruit	Voće
Grange	Staja
Irrigation	Navodnjavanje
Lait	Mlijeko
Lama	Lame
Légume	Povrće
Maïs	Kukuruz
Mouton	Ovce
Mûr	Zrelo
Nourriture	Hrana
Orge	Ječam
Pré	Livada
Ruche	Košnica
Tracteur	Traktor
Verger	Voćnjak

Fleurs
Cvijeće

Bouquet	Buket
Gardénia	Gardenija
Hibiscus	Hibiskus
Jasmin	Jasmin
Jonquille	Narcis
Lavande	Lavanda
Lilas	Lila
Lys	Ljiljan
Magnolia	Magnolija
Marguerite	Tratinčica
Orchidée	Orhideja
Pavot	Mak
Pétale	Latica
Pissenlit	Maslačak
Pivoine	Božur
Plumeria	Plumerija
Rose	Ruža
Tournesol	Suncokret
Trèfle	Djetelina
Tulipe	Tulipan

Force et Gravité
Snaga i Gravitacija

Axe	Os
Centre	Centar
Découverte	Otkriće
Distance	Udaljenost
Dynamique	Dinamičan
Expansion	Proširenje
Friction	Trenje
Impact	Udarac
Magnétisme	Magnetizam
Mécanique	Mehanika
Mouvement	Pokret
Orbite	Orbita
Physique	Fizika
Planètes	Planete
Poids	Težina
Pression	Pritisak
Propriétés	Svojstva
Temps	Vrijeme
Universel	Univerzalan
Vitesse	Brzina

Forêt Tropicale
Prašuma

Amphibiens	Vodozemci
Botanique	Botanički
Climat	Klima
Communauté	Zajednica
Diversité	Raznolikost
Espèce	Vrsta
Indigène	Autohtono
Insectes	Kukci
Jungle	Džungla
Mammifères	Sisavci
Mousse	Mahovina
Nature	Priroda
Nuage	Oblaci
Oiseaux	Ptice
Précieux	Vrijedan
Préservation	Očuvanje
Refuge	Utočište
Respect	Poštovanje
Restauration	Obnova
Survie	Opstanak

Formes
Obrasci

Arc	Luk
Bords	Rubovi
Carré	Kvadrat
Cercle	Krug
Coin	Kut
Courbe	Krivulja
Cône	Konus
Côté	Strana
Cube	Kocka
Cylindre	Cilindar
Ellipse	Elipsa
Hyperbole	Hiperbola
Ligne	Crta
Ovale	Ovalan
Polygone	Poligon
Prisme	Prizma
Pyramide	Piramida
Rectangle	Pravokutnik
Sphère	Sfera
Triangle	Trokut

Fruit
Voće

Abricot	Marelica
Ananas	Ananas
Avocat	Avokado
Baie	Bobica
Banane	Banana
Cerise	Trešnja
Citron	Limun
Figue	Smokva
Framboise	Malina
Goyave	Guava
Kiwi	Kivi
Mangue	Mango
Melon	Dinja
Orange	Naranča
Papaye	Papaja
Pêche	Breskva
Poire	Kruška
Pomme	Jabuka
Prune	Šljiva
Raisin	Grožđe

Géographie
Geografija

Altitude	Visina
Atlas	Atlas
Carte	Karta
Continent	Kontinent
Fleuve	Rijeka
Hémisphère	Hemisfera
Île	Otok
Latitude	Širina
Mer	More
Méridien	Meridijan
Monde	Svijet
Montagne	Planina
Nord	Sjever
Océan	Ocean
Ouest	Zapad
Pays	Zemlja
Région	Regija
Sud	Jug
Territoire	Područje
Ville	Grad

Géologie
Geologija

Acide	Kiselina
Calcium	Kalcij
Caverne	Kaverna
Continent	Kontinent
Corail	Koralja
Couche	Sloj
Cristaux	Kristali
Érosion	Erozija
Fondu	Rastopljen
Fossile	Fosil
Geyser	Gejzir
Lave	Lava
Minéraux	Minerali
Pierre	Kamen
Plateau	Plato
Quartz	Kvarc
Sel	Sol
Stalactite	Stalaktit
Volcan	Vulkan
Zone	Zona

Géométrie
Geometrija

Angle	Kut
Calcul	Izračun
Cercle	Krug
Courbe	Krivulja
Diamètre	Promjer
Dimension	Dimenzija
Équation	Jednadžba
Hauteur	Visina
Logique	Logika
Masse	Masa
Médian	Medijan
Nombre	Broj
Parallèle	Paralelno
Proportion	Proporcija
Segment	Segment
Surface	Površina
Symétrie	Simetrija
Théorie	Teorija
Triangle	Trokut
Vertical	Okomit

Gouvernement
Vlada

Citoyenneté	Državljanstvo
Civil	Građanski
Constitution	Ustav
Démocratie	Demokracija
Discours	Govor
Discussion	Rasprava
District	Okrug
Droits	Prava
Égalité	Jednakost
État	Država
Indépendance	Nezavisnost
Judiciaire	Sudski
Justice	Pravda
Liberté	Sloboda
Loi	Zakon
Monument	Spomenik
Nation	Narod
Paisible	Mirno
Politique	Politika
Symbole	Simbol

Herboristerie
Herbalizam

Ail	Češnjak
Aromatique	Aromatski
Basilic	Bosiljak
Bénéfique	Korisno
Culinaire	Kulinarski
Estragon	Dragulj
Fenouil	Komorač
Fleur	Cvijet
Ingrédient	Sastojak
Jardin	Vrt
Lavande	Lavanda
Marjolaine	Mažuran
Menthe	Metvice
Persil	Peršin
Qualité	Kvaliteta
Romarin	Ružmarin
Safran	Šafran
Saveur	Okus
Thym	Timijan
Vert	Zelen

Immigration
Imigracija

Administration	Uprava
Adultes	Odrasli
Aide	Pomoć
Approbation	Odobrenje
Communication	Komunikacija
Date Limite	Rok
Documents	Dokumenti
Enfants	Djeca
Financement	Financiranje
Frontières	Granice
Langue	Jezik
Logement	Kućište
Loi	Zakon
Négociation	Pregovaranje
Officier	Časnik
Processus	Proces
Protection	Zaštita
Situation	Situacija
Solution	Rješenje
Stress	Stres

Ingénierie
Inženjerska Umjetnost

Angle	Kut
Axe	Os
Calcul	Izračun
Construction	Izgradnja
Diagramme	Dijagram
Diamètre	Promjer
Diesel	Dizel
Distribution	Distribucija
Engrenages	Zupčanici
Énergie	Energija
Force	Snaga
Liquide	Tekućina
Machine	Stroj
Mesure	Mjerenje
Moteur	Motor
Profondeur	Dubina
Propulsion	Pogon
Rotation	Rotacija
Stabilité	Stabilnost
Structure	Struktura

Instruments de Musique
Glazbeni Instrumenti

Banjo	Bendžo
Basson	Fagot
Clarinette	Klarinet
Flûte	Flauta
Gong	Gong
Guitare	Gitara
Harmonica	Harmonika
Harpe	Harfa
Hautbois	Oboa
Mandoline	Mandolina
Marimba	Marimba
Percussion	Udaraljke
Piano	Klavir
Saxophone	Saksofon
Tambour	Bubanj
Tambourin	Tamburaški
Trombone	Trombon
Trompette	Truba
Violon	Violina
Violoncelle	Violončelo

Jardin
Vrt

Arbre	Drvo
Banc	Klupa
Buisson	Grm
Clôture	Ograda
Étang	Ribnjak
Fleur	Cvijet
Garage	Garaža
Hamac	Viseća
Herbe	Trava
Jardin	Vrt
Mauvaises Herbes	Korov
Pelle	Lopata
Pelouse	Travnjak
Râteau	Grablje
Sol	Tlo
Terrasse	Terasa
Trampoline	Trampolin
Tuyau	Crijevo
Verger	Voćnjak
Vigne	Loza

Jardinage
Vrtlarstvo

Botanique	Botanički
Bouquet	Buket
Climat	Klima
Comestible	Jestivo
Compost	Kompost
Eau	Voda
Espèce	Vrsta
Exotique	Egzotično
Feuillage	Lišće
Feuille	List
Fleur	Cvijet
Floral	Cvjetni
Graines	Sjemenke
Humidité	Vlaga
Récipient	Kontejner
Saisonnier	Sezonski
Saleté	Prljavština
Sol	Tlo
Tuyau	Crijevo
Verger	Voćnjak

Jazz
Jazz

Album	Album
Artiste	Umjetnik
Célèbre	Poznati
Chanson	Pjesma
Compositeur	Skladatelj
Composition	Sastav
Concert	Koncert
Favoris	Favoriti
Genre	Žanr
Improvisation	Improvizacija
Musique	Glazba
Nouveau	Novo
Orchestre	Orkestar
Rythme	Ritam
Solo	Solo
Style	Stil
Talent	Talent
Tambours	Bubnjevi
Technique	Tehnika
Vieux	Star

Jours et Mois
Dani i Mjeseci

Août	Kolovoz
Avril	Travanj
Calendrier	Kalendar
Dimanche	Nedjelja
Février	Veljača
Janvier	Siječanj
Jeudi	Četvrtak
Juillet	Srpanj
Juin	Lipanj
Lundi	Ponedjeljak
Mardi	Utorak
Mars	Ožujak
Mercredi	Srijeda
Mois	Mjesec
Novembre	Studeni
Octobre	Listopad
Samedi	Subota
Semaine	Tjedan
Septembre	Rujan
Vendredi	Petak

L'Entreprise
Tvrtka

Affaires	Poslovanje
Créatif	Kreativni
Décision	Odluka
Emploi	Zapošljavanje
Global	Globalno
Industrie	Industrija
Innovant	Inovativan
Investissement	Ulaganje
Possibilité	Mogućnost
Présentation	Prezentacija
Produit	Proizvod
Progrès	Napredak
Qualité	Kvaliteta
Ressources	Resursi
Revenu	Prihod
Réputation	Ugled
Risques	Rizici
Salaire	Plaće
Tendances	Trendovi
Unités	Jedinice

Les Abeilles
Pčele

Ailes	Krila
Bénéfique	Korisno
Cire	Vosak
Diversité	Raznolikost
Essaim	Roj
Écosystème	Ekosustav
Fleur	Cvijet
Fleurs	Cvijeće
Fruit	Voće
Fumée	Dim
Habitat	Stanište
Insecte	Kukac
Jardin	Vrt
Miel	Med
Nourriture	Hrana
Plantes	Bilje
Pollen	Pelud
Reine	Kraljica
Ruche	Košnica
Soleil	Sunce

Les Médias
Mediji

Attitudes	Stavovi
Commercial	Trgovački
Communication	Komunikacija
En Ligne	Na Liniji
Édition	Izdanje
Éducation	Obrazovanje
Faits	Činjenice
Financement	Financiranje
Images	Slike
Industrie	Industrija
Intellectuel	Intelektualac
Journaux	Novine
Local	Lokalni
Numérique	Digitalni
Opinion	Mišljenje
Photos	Fotografije
Public	Javnost
Radio	Radio
Réseau	Mreža
Télévision	Televizija

Légumes
Povrće

Ail	Češnjak
Artichaut	Artičoka
Aubergine	Patlidžan
Brocoli	Brokula
Carotte	Mrkva
Céleri	Celer
Champignon	Gljiva
Citrouille	Bundeva
Concombre	Krastavac
Échalote	Luk Kozjak
Épinard	Špinat
Gingembre	Đumbir
Navet	Repa
Oignon	Luk
Olive	Maslina
Persil	Peršin
Pois	Grašak
Radis	Rotkvica
Salade	Salata
Tomate	Rajčica

Littérature
Književnost

Analogie	Analogija
Analyse	Analiza
Anecdote	Anegdota
Auteur	Autor
Biographie	Biografija
Comparaison	Usporedba
Conclusion	Zaključak
Description	Opis
Dialogue	Dijalog
Fiction	Fikcija
Métaphore	Metafora
Narrateur	Pripovjedač
Poème	Pjesma
Poétique	Pjesnički
Rime	Rima
Roman	Roman
Rythme	Ritam
Style	Stil
Thème	Tema
Tragédie	Tragedija

Livres
Knjige

Auteur	Autor
Aventure	Avantura
Collection	Zbirka
Contexte	Kontekst
Dualité	Dualnost
Épique	Ep
Histoire	Priča
Historique	Povijesni
Humoristique	Duhovit
Inventif	Inventivni
Lecteur	Čitač
Littéraire	Literarni
Narrateur	Pripovjedač
Page	Stranica
Pertinent	Relevantan
Poème	Pjesma
Poésie	Poezija
Roman	Roman
Série	Serija
Tragique	Tragično

Maison
Kuća

Balai	Metla
Bibliothèque	Knjižnica
Chambre	Soba
Cheminée	Kamin
Clés	Tipke
Clôture	Ograda
Cuisine	Kuhinja
Douche	Tuš
Fenêtre	Prozor
Garage	Garaža
Grenier	Potkrovlje
Jardin	Vrt
Lampe	Svjetiljka
Miroir	Ogledalo
Mur	Zid
Plafond	Strop
Porte	Vrata
Rideaux	Zavjese
Tapis	Tepih
Toit	Krov

Maladie
Bolesti

Aigu	Akutan
Allergies	Alergije
Bien-Être	Wellness
Chronique	Kroničan
Contagieux	Zarazan
Corps	Tijelo
Cœur	Srce
Faible	Slab
Génétique	Genetski
Héréditaire	Nasljedno
Immunité	Imunitet
Inflammation	Upala
Neuropathie	Neuropatija
Os	Kosti
Pulmonaire	Plućni
Respiratoire	Dišni
Santé	Zdravlje
Sinus	Sinus
Syndrome	Sindrom
Thérapie	Terapija

Mammifères
Sisavci

Baleine	Kit
Chat	Mačka
Cheval	Konj
Chien	Pas
Coyote	Kojot
Dauphin	Dupin
Éléphant	Slon
Girafe	Žirafa
Gorille	Gorila
Kangourou	Klokan
Lapin	Zec
Lion	Lav
Loup	Vuk
Mouton	Ovce
Ours	Snositi
Renard	Lisica
Singe	Majmun
Taureau	Bik
Tigre	Tigar
Zèbre	Zebra

Mathématiques
Matematika

Angles	Kutovi
Arithmétique	Aritmetika
Carré	Kvadrat
Circonférence	Opseg
Décimal	Decimala
Diamètre	Promjer
Exposant	Eksponent
Équation	Jednadžba
Fraction	Frakcija
Géométrie	Geometrija
Parallèle	Paralelno
Parallélogramme	Paralelogram
Perpendiculaire	Okomica
Périmètre	Perimetar
Polygone	Poligon
Rectangle	Pravokutnik
Somme	Suma
Symétrie	Simetrija
Triangle	Trokut
Volume	Volumen

Mesures
Mjerenja

Centimètre	Centimetar
Degré	Stupanj
Décimal	Decimala
Gramme	Gram
Hauteur	Visina
Kilogramme	Kilogram
Kilomètre	Kilometar
Largeur	Širina
Litre	Litra
Longueur	Dužina
Masse	Masa
Mètre	Metar
Minute	Minuta
Octet	Bajt
Once	Unca
Poids	Težina
Pouce	Inč
Profondeur	Dubina
Tonne	Tona
Volume	Volumen

Méditation
Meditacija

Acceptation	Prihvaćanje
Attention	Pažnja
Calme	Miran
Clarté	Jasnoća
Compassion	Suosjećanje
Émotions	Emocije
Éveillé	Budan
Gentillesse	Ljubaznost
Gratitude	Zahvalnost
Habitudes	Navike
Mental	Mentalno
Mouvement	Pokret
Musique	Glazba
Nature	Priroda
Observation	Promatranje
Paix	Mir
Perspective	Perspektiva
Posture	Držanje
Respiration	Disanje
Silence	Tišina

Météo
Vrijeme

Arc-En-Ciel	Duga
Atmosphère	Atmosfera
Brise	Povjetarac
Brouillard	Magla
Ciel	Nebo
Climat	Klima
Glace	Led
Inondation	Poplava
Mousson	Monsun
Nuage	Oblak
Ouragan	Uragan
Polaire	Polarni
Sec	Suho
Sécheresse	Suša
Température	Temperatura
Tempête	Oluja
Tonnerre	Grmljavina
Tornade	Tornado
Tropical	Tropski
Vent	Vjetar

Musique
Glazba, Muzika

Album	Album
Ballade	Balada
Chanter	Pjevati
Chanteur	Pjevač
Classique	Klasični
Enregistrement	Snimanje
Harmonie	Sklad
Harmonique	Harmonijski
Instrument	Instrument
Lyrique	Lirski
Mélodie	Melodija
Microphone	Mikrofon
Musical	Mjuzikl
Musicien	Glazbenik
Opéra	Opera
Poétique	Pjesnički
Rythme	Ritam
Rythmique	Ritmičan
Tempo	Tempo
Vocal	Vokalni

Mythologie
Mitologija

Archétype	Arhetip
Catastrophe	Katastrofa
Comportement	Ponašanje
Création	Stvaranje
Créature	Stvorenje
Croyances	Uvjerenja
Culture	Kultura
Éclair	Munja
Force	Snaga
Guerrier	Ratnik
Héros	Junak
Immortalité	Besmrtnost
Jalousie	Ljubomora
Labyrinthe	Labirint
Légende	Legenda
Magique	Čarobni
Monstre	Čudovište
Mortel	Smrtnik
Tonnerre	Grmljavina
Vengeance	Osveta

Nature
Priroda

Abeilles	Pčele
Abri	Sklonište
Animaux	Životinje
Arctique	Arktik
Beauté	Ljepota
Brouillard	Magla
Désert	Pustinja
Dynamique	Dinamičan
Érosion	Erozija
Feuillage	Lišće
Fleuve	Rijeka
Forêt	Šuma
Glacier	Ledenjak
Nuage	Oblaci
Paisible	Mirno
Sanctuaire	Svetište
Sauvage	Divlji
Serein	Spokojan
Tropical	Tropski
Vital	Bitan

Nombres
Brojevi

Cinq	Pet
Deux	Dva
Décimal	Decimala
Dix	Deset
Dix-Huit	Osamnaest
Dix-Neuf	Devetnaest
Dix-Sept	Sedamnaest
Douze	Dvanaest
Huit	Osam
Neuf	Devet
Quatorze	Četrnaest
Quatre	Četiri
Quinze	Petnaest
Seize	Šesnaest
Sept	Sedam
Six	Šest
Treize	Trinaest
Trois	Tri
Vingt	Dvadeset
Zéro	Nula

Nourriture #1
Hrana # 1

Ail	Češnjak
Basilic	Bosiljak
Café	Kava
Cannelle	Cimet
Carotte	Mrkva
Citron	Limun
Épinard	Špinat
Fraise	Jagoda
Jus	Sok
Lait	Mlijeko
Navet	Repa
Oignon	Luk
Orge	Ječam
Poire	Kruška
Salade	Salata
Sel	Sol
Soupe	Juha
Sucre	Šećer
Thon	Tuna
Viande	Meso

Nourriture #2
Hrana # 2

Amande	Badem
Aubergine	Patlidžan
Banane	Banana
Blé	Pšenica
Brocoli	Brokula
Cerise	Trešnja
Céleri	Celer
Champignon	Gljiva
Chocolat	Čokolada
Jambon	Šunka
Kiwi	Kivi
Mangue	Mango
Oeuf	Jaje
Pain	Kruh
Poisson	Riba
Pomme	Jabuka
Poulet	Piletina
Raisin	Grožđe
Riz	Riža
Tomate	Rajčica

Nutrition
Prehrana

Amer	Gorak
Appétit	Apetit
Calories	Kalorije
Comestible	Jestivo
Diète	Dijeta
Digestion	Probava
Épices	Začini
Équilibré	Uravnotežen
Fermentation	Vrenje
Ingrédients	Sastojci
Liquides	Tekućine
Poids	Težina
Protéines	Proteini
Qualité	Kvaliteta
Sain	Zdrav
Santé	Zdravlje
Sauce	Umak
Saveur	Okus
Toxine	Toksin
Vitamine	Vitamin

Océan
Ocean

Algue	Alge
Anguille	Jegulja
Baleine	Kit
Bateau	Čamac
Corail	Koralja
Crabe	Rak
Crevette	Škampi
Dauphin	Dupin
Éponge	Spužva
Huître	Kamenica
Méduse	Meduza
Poisson	Riba
Poulpe	Hobotnica
Requin	Morski Pas
Récif	Greben
Sel	Sol
Tempête	Oluja
Thon	Tuna
Tortue	Kornjača
Vagues	Valovi

Oiseaux
Ptice

Aigle	Orao
Autruche	Noj
Canard	Patka
Cigogne	Roda
Corbeau	Vrana
Coucou	Kukavica
Cygne	Labud
Flamant	Flamingo
Héron	Čaplja
Manchot	Pingvin
Moineau	Vrabac
Mouette	Galeb
Oeuf	Jaje
Oie	Guska
Paon	Paun
Perroquet	Papiga
Pélican	Pelikan
Pigeon	Golub
Poulet	Piletina
Toucan	Toucan

Pays #1
Zemlje № 1

Afghanistan	Afganistan
Allemagne	Njemačka
Argentine	Argentina
Brésil	Brazil
Canada	Kanada
Espagne	Španjolska
Équateur	Ekvador
Finlande	Finska
Inde	Indija
Israël	Izrael
Libye	Libija
Mali	Mali
Maroc	Maroko
Nicaragua	Nikaragva
Norvège	Norveška
Panama	Panama
Philippines	Filipini
Pologne	Poljska
Roumanie	Rumunjska
Venezuela	Venezuela

Pays #2
Zemlje № 2

Albanie	Albanija
Chine	Kina
Danemark	Danska
France	Francuska
Haïti	Haiti
Indonésie	Indonezija
Irlande	Irska
Jamaïque	Jamajka
Japon	Japan
Kenya	Kenija
Laos	Laos
Liban	Libanon
Mexique	Meksiko
Ouganda	Uganda
Pakistan	Pakistan
Russie	Rusija
Somalie	Somalija
Soudan	Sudan
Syrie	Sirija
Ukraine	Ukrajina

Paysages
Krajolici

Cascade	Vodopad
Colline	Brdo
Désert	Pustinja
Estuaire	Ušće
Fleuve	Rijeka
Geyser	Gejzir
Glacier	Ledenjak
Grotte	Špilja
Iceberg	Ledena
Île	Otok
Lac	Jezero
Marais	Močvara
Mer	More
Montagne	Planina
Oasis	Oaza
Péninsule	Poluotok
Plage	Plaža
Toundra	Tundra
Vallée	Dolina
Volcan	Vulkan

Photographie
Fotografija

Adoucir	Omekšati
Cadre	Okvir
Caméra	Kamera
Composition	Sastav
Contraste	Kontrast
Couleur	Boja
Définition	Definicija
Exposition	Izložba
Éclairage	Rasvjeta
Format	Format
Noir	Crna
Objet	Objekt
Obscurité	Tama
Ombre	Sjene
Perspective	Perspektiva
Portrait	Portret
Sujet	Predmet
Texture	Tekstura
Visuel	Vidni
Vue	Pogled

Physique
Fizika

Accélération	Ubrzanje
Atome	Atom
Chaos	Kaos
Chimique	Kemijski
Densité	Gustoća
Électron	Elektron
Formule	Formula
Fréquence	Frekvencija
Gaz	Plin
Gravité	Gravitacija
Magnétisme	Magnetizam
Masse	Masa
Mécanique	Mehanika
Molécule	Molekula
Moteur	Motor
Nucléaire	Nuklearni
Particule	Čestica
Relativité	Relativnost
Universel	Univerzalan
Vitesse	Brzina

Plantes
Biljke

Arbre	Drvo
Baie	Bobica
Bambou	Bambus
Botanique	Botanika
Buisson	Grm
Cactus	Kaktus
Engrais	Gnojivo
Feuillage	Lišće
Fleur	Cvijet
Flore	Flora
Forêt	Šuma
Grandir	Rasti
Haricot	Grah
Herbe	Trava
Jardin	Vrt
Lierre	Bršljan
Mousse	Mahovina
Pétale	Latica
Racine	Korijen
Végétation	Vegetacija

Professions #1
Zanimanja № 1

Ambassadeur	Ambasador
Artiste	Umjetnik
Astronome	Astronom
Avocat	Odvjetnik
Banquier	Bankar
Bijoutier	Zlatar
Cartographe	Kartograf
Chasseur	Lovac
Comptable	Računovođa
Danseur	Plesačica
Entraîneur	Trener
Éditeur	Urednik
Géologue	Geolog
Médecin	Liječnik
Musicien	Glazbenik
Pianiste	Pijanist
Pompier	Vatrogasac
Psychologue	Psiholog
Scientifique	Znanstvenik
Vétérinaire	Veterinar

Professions #2
Zanimanja № 2

Astronaute	Astronaut
Bibliothécaire	Knjižničar
Biologiste	Biolog
Chercheur	Istraživač
Chirurgien	Kirurg
Dentiste	Zubar
Détective	Detektiv
Enseignant	Učitelj
Illustrateur	Ilustrator
Ingénieur	Inženjer
Inventeur	Izumitelj
Jardinier	Vrtlar
Journaliste	Novinar
Linguiste	Jezikoslovac
Médecin	Liječnik
Peintre	Slikar
Philosophe	Filozof
Photographe	Fotograf
Pilote	Pilot
Zoologiste	Zoolog

Psychologie
Psihologija

Clinique	Klinički
Cognition	Spoznaja
Comportement	Ponašanje
Conflit	Sukob
Ego	Ego
Enfance	Djetinjstvo
Expériences	Iskustva
Émotions	Emocije
Évaluation	Procjena
Idées	Ideje
Inconscient	Nesvjesno
Influences	Utjecaji
Pensées	Misli
Perception	Percepcija
Personnalité	Osobnost
Problème	Problem
Réalité	Stvarnost
Rêves	Snovi
Sensation	Osjećaj
Thérapie	Terapija

Randonnée
Planinarenje

Animaux	Životinje
Bottes	Čizme
Camping	Kampiranje
Carte	Karta
Climat	Klima
Dangers	Opasnosti
Eau	Voda
Falaise	Litica
Fatigué	Umorni
Guides	Vodiči
Lourd	Teška
Météo	Vrijeme
Montagne	Planina
Nature	Priroda
Orientation	Orijentacija
Parcs	Parkovi
Pierres	Kamenje
Préparation	Priprema
Sauvage	Divlji
Soleil	Sunce

Restaurant #2
Restoran Broj 2

Boisson	Piće
Chaise	Stolica
Cuillère	Žlica
Déjeuner	Ručak
Délicieux	Ukusno
Dîner	Večera
Eau	Voda
Épices	Začini
Fourchette	Vilica
Fruit	Voće
Gâteau	Torta
Glace	Led
Légumes	Povrće
Nouilles	Rezanci
Oeuf	Jaja
Poisson	Riba
Salade	Salata
Sel	Sol
Serveur	Konobar
Soupe	Juha

Réchauffement Climatique
Globalno Zagrijavanje

Arctique	Arktik
Attention	Pažnja
Climat	Klima
Crise	Kriza
Développement	Razvoj
Données	Podaci
Environnemental	Ekološki
Énergie	Energija
Futur	Budućnost
Gaz	Plin
Générations	Generacije
Gouvernement	Vlada
Habitats	Staništa
Industrie	Industrija
International	Međunarodni
Législation	Zakonodavstvo
Maintenant	Sada
Populations	Stanovništvo
Scientifique	Znanstvenik
Températures	Temperature

Santé et Bien-Être #1
Zdravlje i Wellness # 1

Actif	Aktivan
Bactéries	Bakterije
Blessure	Ozljeda
Clinique	Klinika
Faim	Glad
Fracture	Lom
Habitude	Navika
Hauteur	Visina
Hormone	Hormoni
Médecin	Liječnik
Médicament	Lijek
Muscles	Mišići
Os	Kosti
Peau	Koža
Pharmacie	Ljekarna
Posture	Držanje
Réflexe	Refleks
Thérapie	Terapija
Traitement	Liječenje
Virus	Virus

Santé et Bien-Être #2
Zdravlje i Wellness # 2

Allergie	Alergija
Anatomie	Anatomija
Appétit	Apetit
Calorie	Kalorija
Corps	Tijelo
Déshydratation	Dehidracija
Énergie	Energija
Génétique	Genetika
Hôpital	Bolnica
Hygiène	Higijena
Infection	Infekcija
Maladie	Bolest
Massage	Masaža
Nutrition	Ishrana
Poids	Težina
Récupération	Oporavak
Sain	Zdrav
Sang	Krv
Stress	Stres
Vitamine	Vitamin

Science
Znanost

Atome	Atom
Chimique	Kemijski
Climat	Klima
Données	Podaci
Expérience	Eksperiment
Évolution	Evolucija
Fait	Činjenica
Fossile	Fosil
Gravité	Gravitacija
Hypothèse	Hipoteza
Laboratoire	Laboratorij
Méthode	Metoda
Minéraux	Minerali
Molécules	Molekule
Nature	Priroda
Observation	Promatranje
Organisme	Organizam
Particules	Čestice
Physique	Fizika
Scientifique	Znanstvenik

Science-Fiction
Znanstvena Fantastika

Atomique	Atomski
Cinéma	Kino
Explosion	Eksplozija
Extrême	Krajnost
Fantastique	Fantastičan
Feu	Vatra
Futuriste	Futuristički
Galaxie	Galaksija
Illusion	Iluzija
Imaginaire	Zamišljen
Livres	Knjige
Monde	Svijet
Mystérieux	Tajanstveni
Oracle	Proročište
Planète	Planeta
Réaliste	Realno
Robots	Roboti
Scénario	Scenarij
Technologie	Tehnologija
Utopie	Utopija

Sport
Sport

Athlète	Sportaš
Capacité	Sposobnost
Corps	Tijelo
Cyclisme	Biciklizam
Danse	Ples
Diète	Dijeta
Endurance	Izdržljivost
Entraîneur	Trener
Force	Snaga
Jogging	Jogging
Maximiser	Maksimizirati
Métabolique	Metabolički
Muscles	Mišići
Nager	Plivati
Nutrition	Ishrana
Objectif	Cilj
Os	Kosti
Programme	Program
Santé	Zdravlje
Sports	Sportski

Temps
Vrijeme

Année	Godina
Annuel	Godišnji
Après	Nakon
Aujourd'Hui	Danas
Avant	Prije
Bientôt	Uskoro
Calendrier	Kalendar
Décennie	Desetljeće
Futur	Budućnost
Heure	Sat
Hier	Jučer
Jour	Dan
Maintenant	Sada
Matin	Jutro
Midi	Podne
Minute	Minuta
Mois	Mjesec
Nuit	Noć
Semaine	Tjedan
Siècle	Stoljeće

Types de Cheveux
Vrste Kose

Argent	Srebro
Blanc	Bijeli
Blond	Plavuša
Boucles	Kovrče
Brillant	Sjajan
Chauve	Ćelav
Court	Kratak
Doux	Mekan
Épais	Debeo
Frisé	Kovrčava
Gris	Siva
Long	Dugo
Marron	Smeđ
Mince	Tanak
Noir	Crna
Ondulé	Valovita
Sain	Zdrav
Sec	Suho
Tresses	Pletenice
Tressé	Pletena

Univers
Svemir

Astéroïde	Asteroid
Astronome	Astronom
Astronomie	Astronomija
Atmosphère	Atmosfera
Ciel	Nebo
Cosmique	Kozmički
Équateur	Ekvator
Galaxie	Galaksija
Hémisphère	Hemisfera
Horizon	Horizont
Latitude	Širina
Longitude	Dužina
Lune	Mjesec
Obscurité	Tama
Orbite	Orbita
Solaire	Sunčano
Solstice	Solsticij
Télescope	Teleskop
Visible	Vidljiv
Zodiaque	Zodijak

Vacances #2
Odmor № 2

Aéroport	Zračna Luka
Camping	Kampiranje
Carte	Karta
Destination	Odredište
Étranger	Stranac
Hôtel	Hotel
Île	Otok
Mer	More
Passeport	Putovnica
Photos	Fotografije
Plage	Plaža
Restaurant	Restoran
Réservations	Rezervacije
Taxi	Taksi
Tente	Šator
Train	Vlak
Transport	Prijevoz
Vacances	Odmor
Visa	Viza
Voyage	Putovanje

Véhicules
Vozila

Ambulance	Hitna Pomoć
Avion	Zrakoplov
Bateau	Čamac
Bus	Autobus
Camion	Kamion
Caravane	Karavan
Ferry	Trajekt
Fusée	Raketa
Hélicoptère	Helikopter
Moteur	Motor
Navette	Čunak
Pneus	Gume
Radeau	Splav
Scooter	Skuter
Sous-Marin	Podmornica
Taxi	Taksi
Tracteur	Traktor
Train	Vlak
Vélo	Bicikl
Voiture	Automobil

Vêtements
Odjeća

Bracelet	Narukvica
Ceinture	Pojas
Chapeau	Šešir
Chaussure	Cipela
Chemise	Košulja
Chemisier	Bluza
Collier	Ogrlica
Foulard	Šal
Gants	Rukavice
Jeans	Traperice
Jupe	Suknja
Manteau	Kaput
Mode	Moda
Pantalon	Hlače
Pull	Džemper
Pyjama	Pidžama
Robe	Haljina
Sandales	Sandale
Tablier	Pregača
Veste	Jakna

Ville
Grad

Aéroport	Zračna Luka
Banque	Banka
Bibliothèque	Knjižnica
Boulangerie	Pekara
Cinéma	Kino
Clinique	Klinika
École	Škola
Fleuriste	Cvjećar
Galerie	Galerija
Hôtel	Hotel
Librairie	Knjižara
Marché	Tržište
Musée	Muzej
Pharmacie	Ljekarna
Restaurant	Restoran
Stade	Stadion
Supermarché	Supermarket
Théâtre	Kazalište
Université	Sveučilište
Zoo	Zoološki Vrt

Félicitations

Vous avez réussi !

Nous espérons que vous avez apprécié ce livre autant que nous avons pris plaisir à le concevoir. Nous faisons de notre mieux pour créer des livres de la meilleure qualité possible.
Cette édition est conçue pour permettre un apprentissage intelligent et de qualité en se divertissant !

Vous avez aimé ce livre ?

Une Simple Demande

Nos livres existent grâce aux avis que vous publiez. Pourriez-vous nous aider en laissant un avis maintenant ?

Voici un lien rapide qui vous mènera à votre
page d'évaluation de vos commandes :

BestBooksActivity.com/Avis50

CHALLENGE FINAL !

Défi n°1

Êtes-vous prêt pour votre jeu bonus ? Nous les utilisons tout le temps mais ils ne sont pas si faciles à trouver. Voici les **Synonymes** !

Notez 5 mots que vous avez trouvés dans les puzzles notés ci-dessous (n°21, n°36, n°76) et essayez de trouver 2 synonymes pour chaque mot.

Notez 5 Mots du **Puzzle 21**

Mots	Synonyme 1	Synonyme 2

Notez 5 Mots du **Puzzle 36**

Mots	Synonyme 1	Synonyme 2

Notez 5 Mots du **Puzzle 76**

Mots	Synonyme 1	Synonyme 2

Défi n°2

Maintenant que vous vous êtes échauffé, notez 5 mots que vous avez découverts dans les Puzzles n° 9, n° 17, n° 25 et essayez de trouver 2 antonymes pour chaque mot. Combien pouvez-vous en trouver en 20 minutes ?

Notez 5 Mots du **Puzzle 9**

Mots	Antonyme 1	Antonyme 2

Notez 5 Mots du **Puzzle 17**

Mots	Antonyme 1	Antonyme 2

Notez 5 Mots du **Puzzle 25**

Mots	Antonyme 1	Antonyme 2

Défi n°3

Formidable ! Ce défi final n'est rien pour vous.

Prêt pour le dernier défi ? Choisissez 10 mots que vous avez découverts parmi les différents puzzles et notez-les ci-dessous.

1.	6.
2.	7.
3.	8.
4.	9.
5.	10.

Maintenant, composez un texte en pensant à une personne, un animal ou un lieu que vous aimez !

Astuce: Vous pouvez utiliser la dernière page de ce livre comme brouillon !

Votre Composition :

CARNET DE NOTES :

À TRÈS BIENTÔT !

Toute l'équipe

DECOUVREZ DES JEUX GRATUITS

GO

↓

BESTACTIVITYBOOKS.COM/FREEGAMES